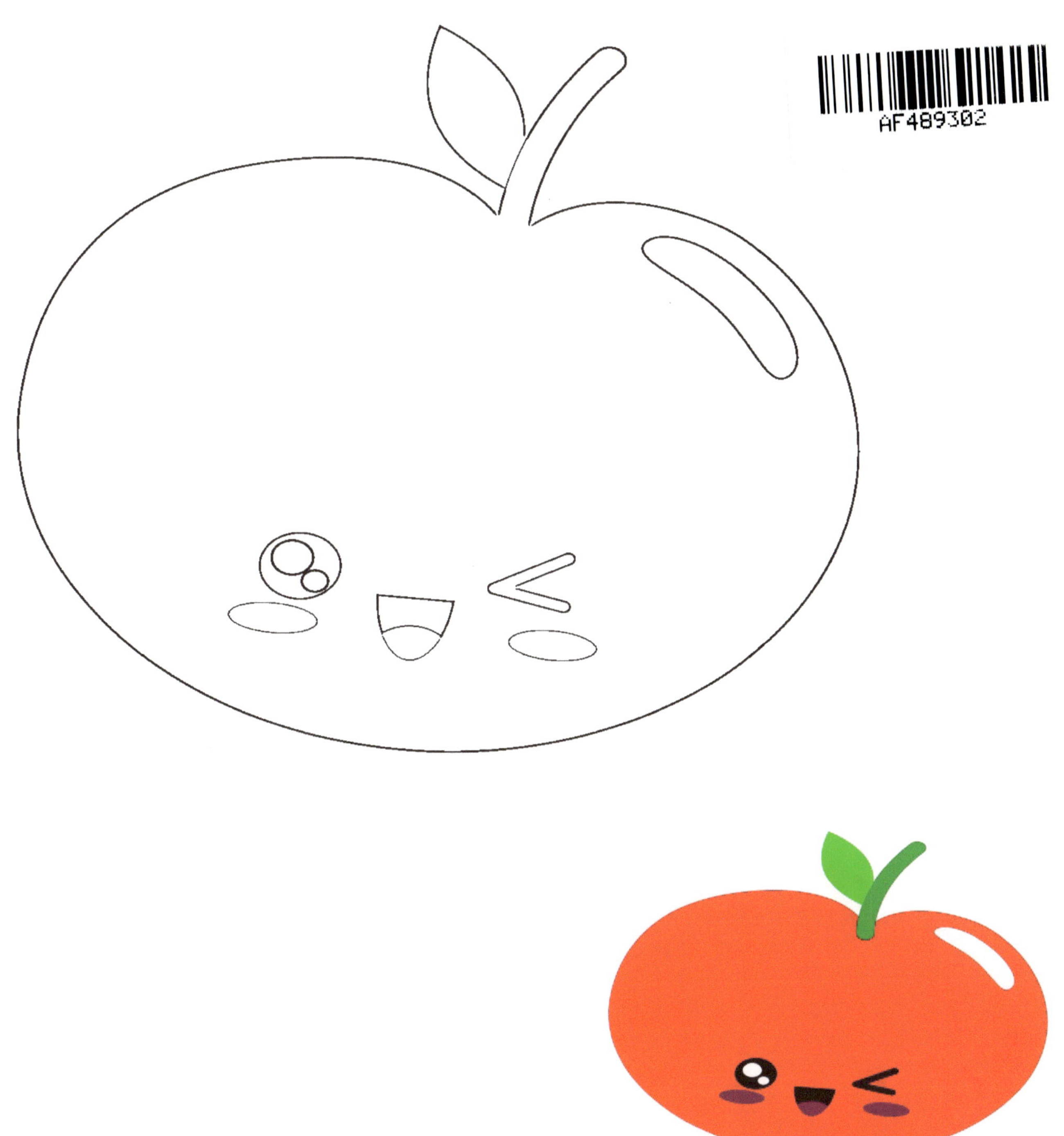

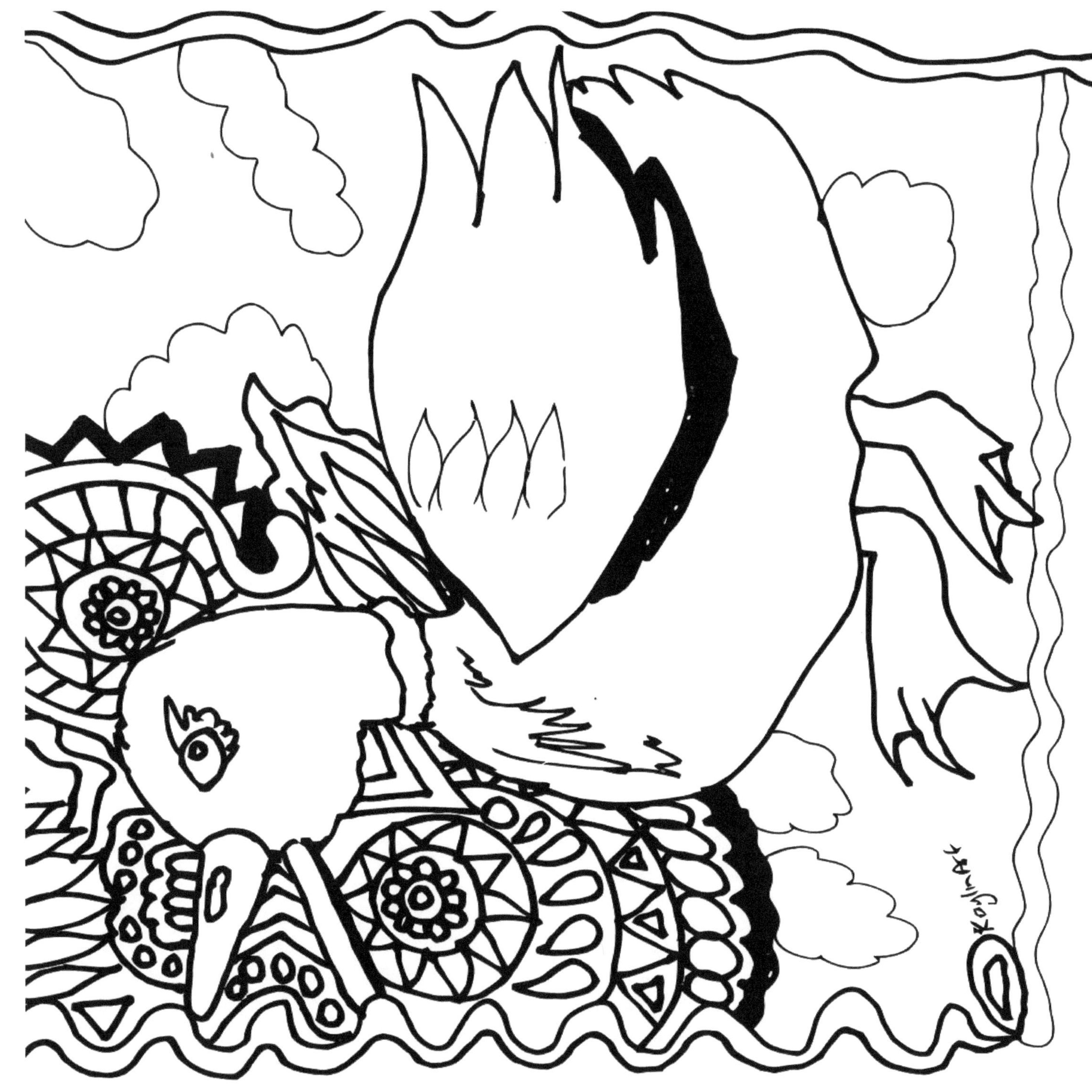

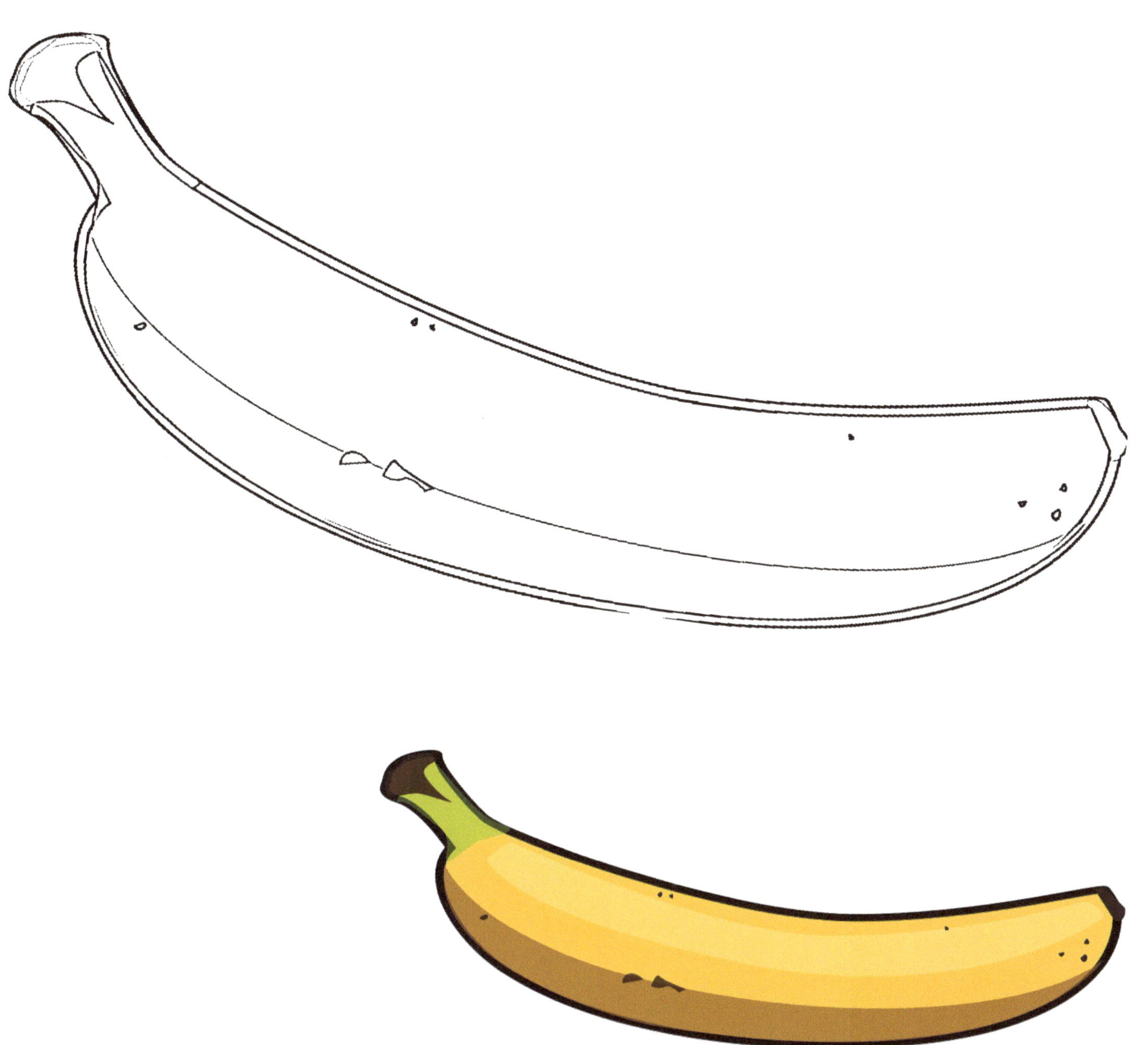

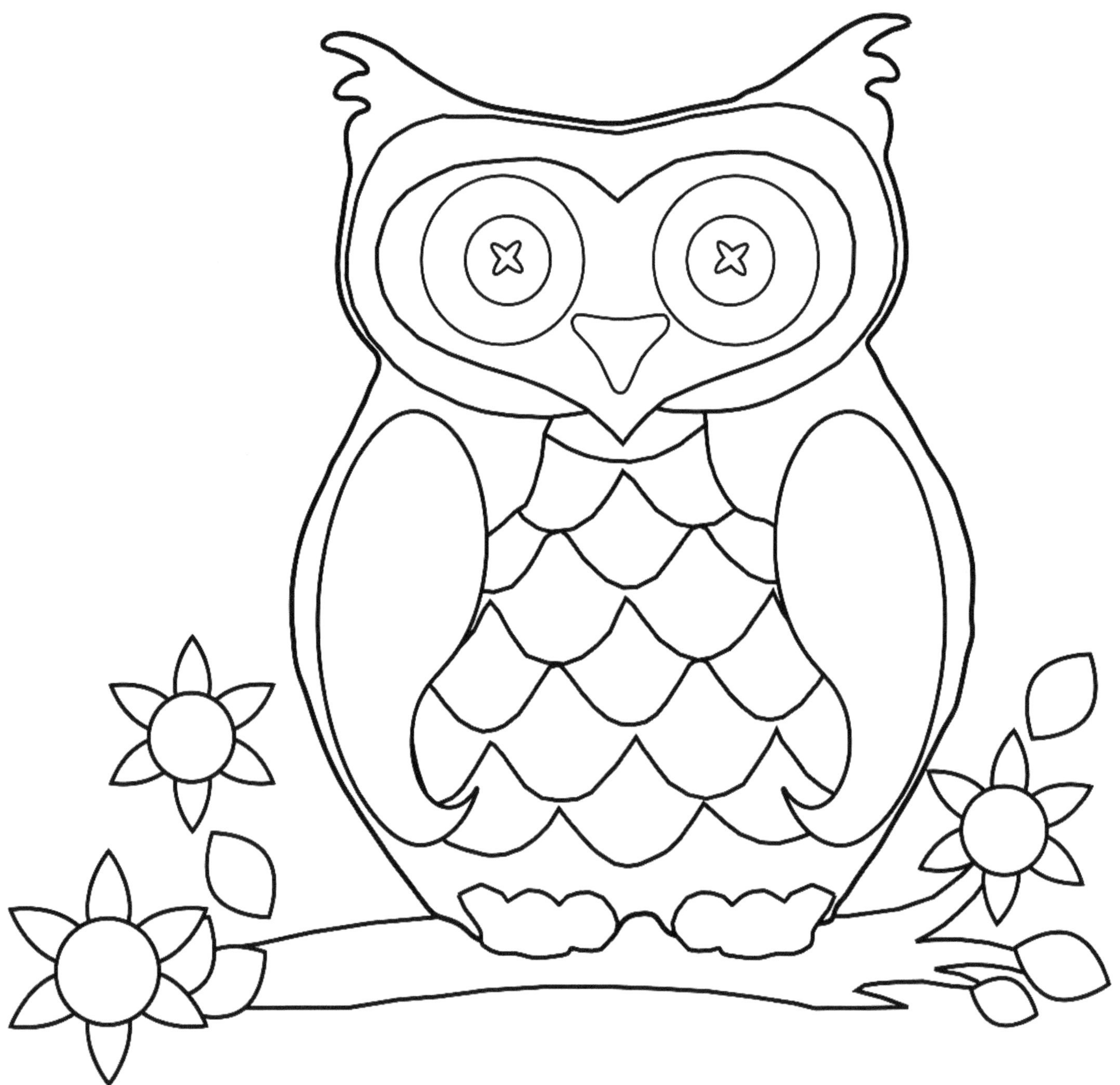

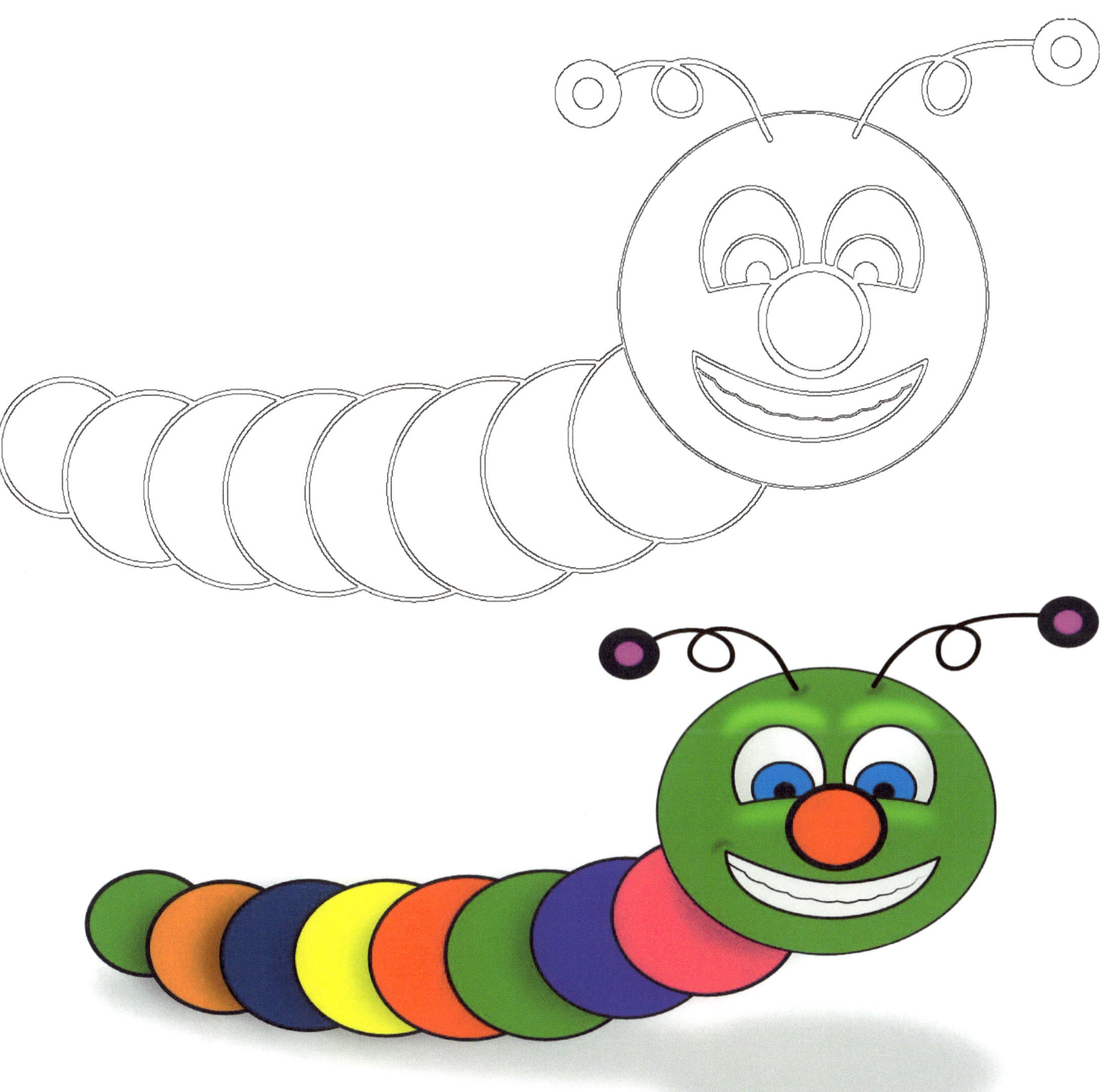

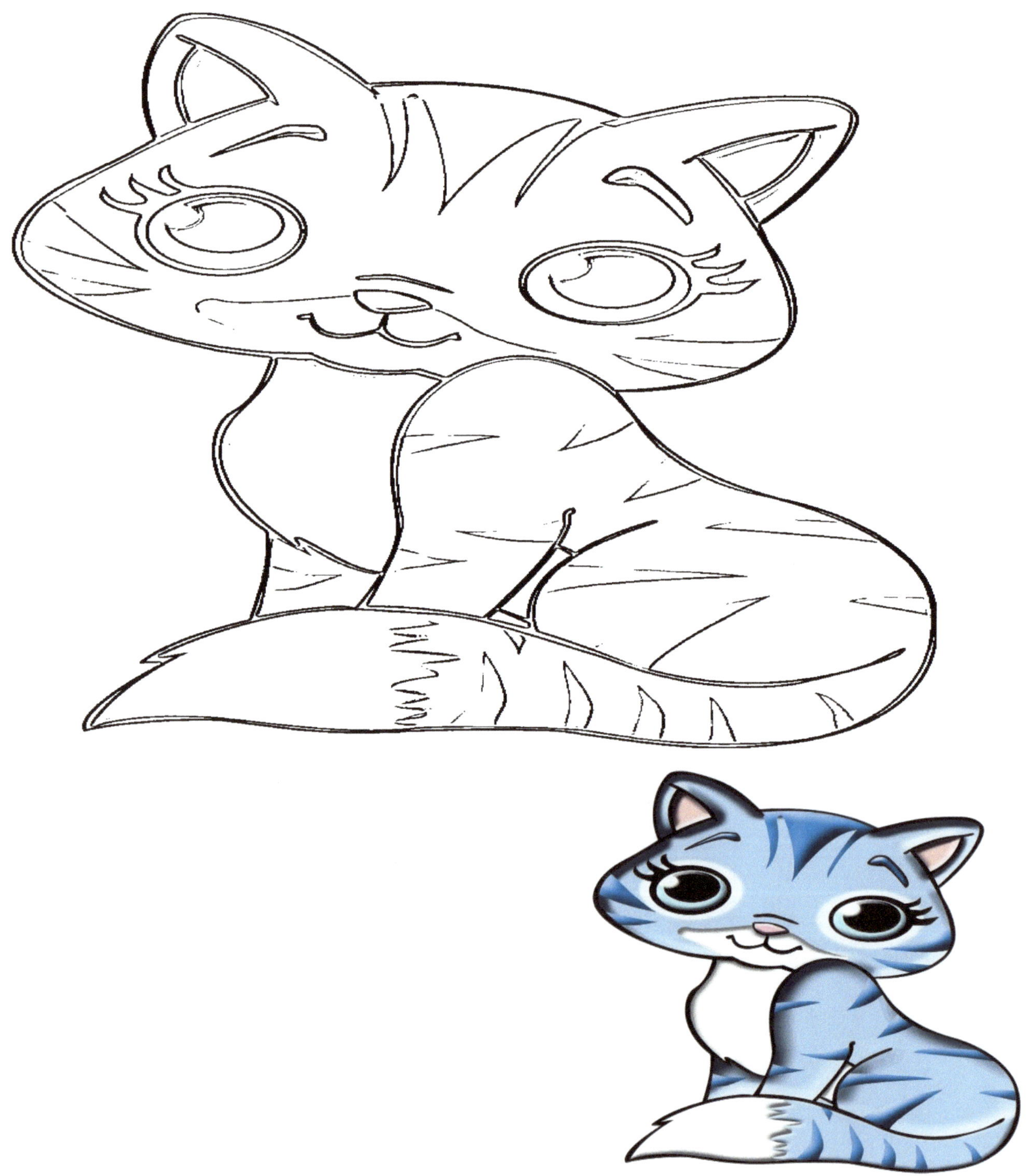

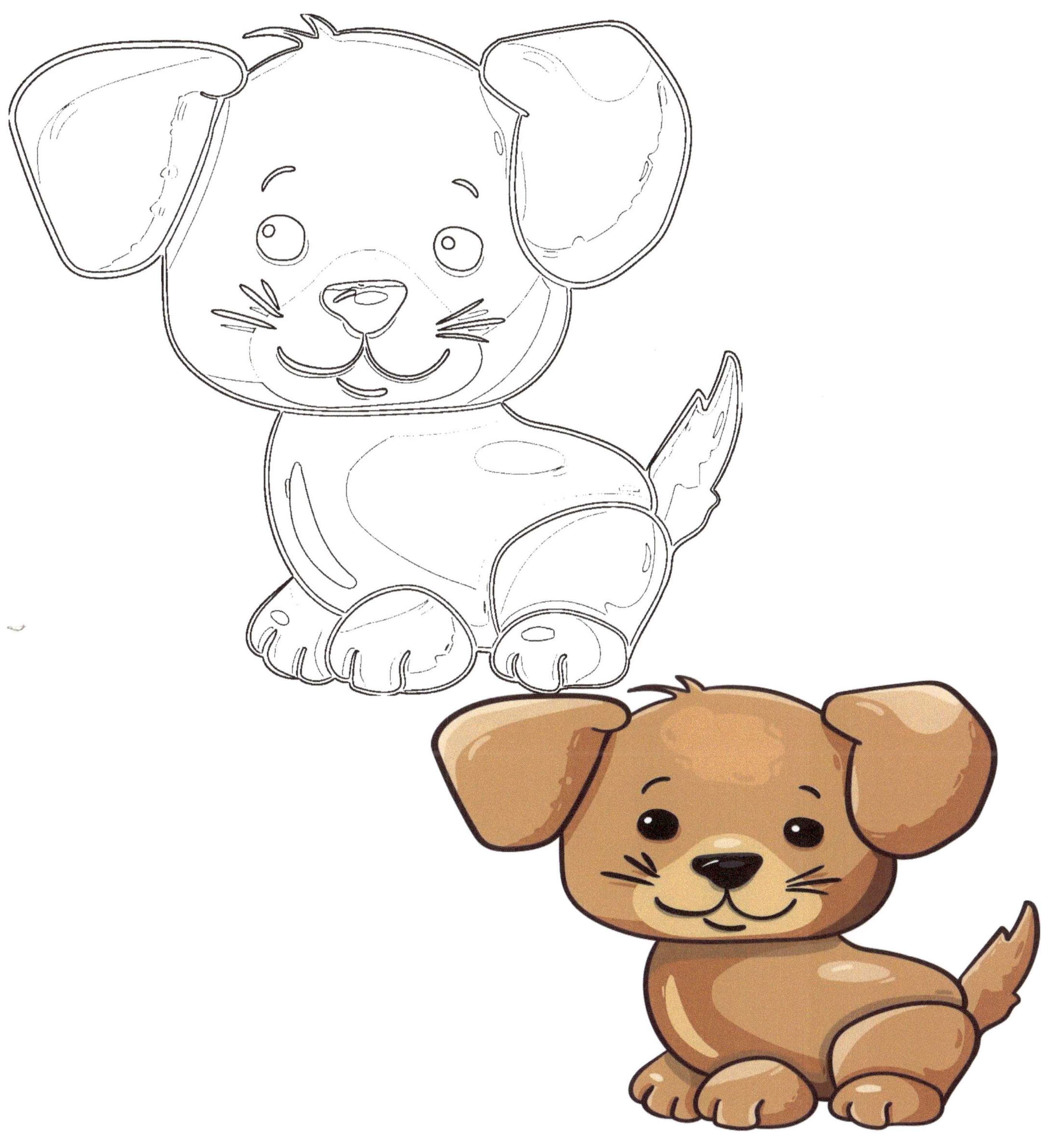

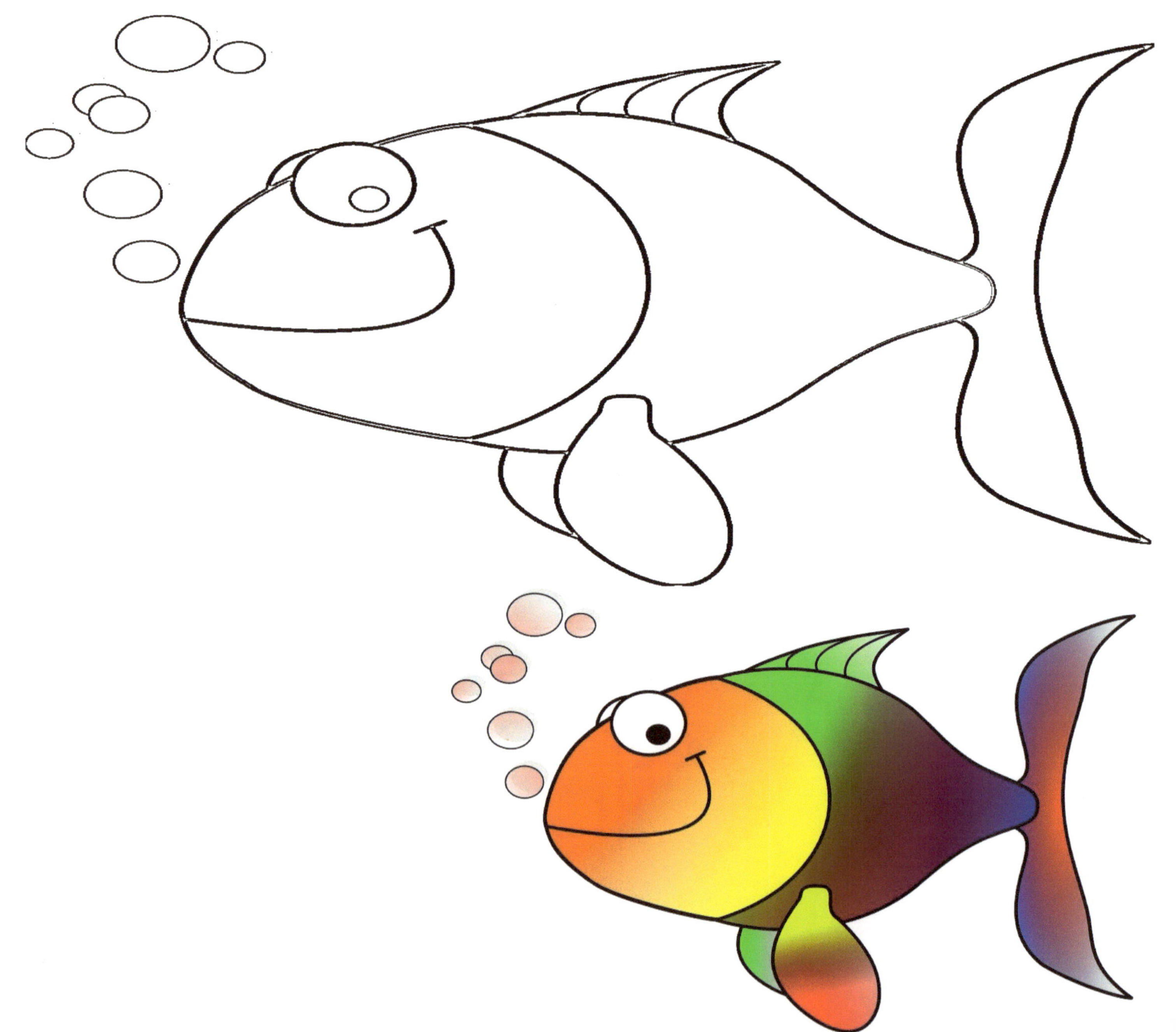

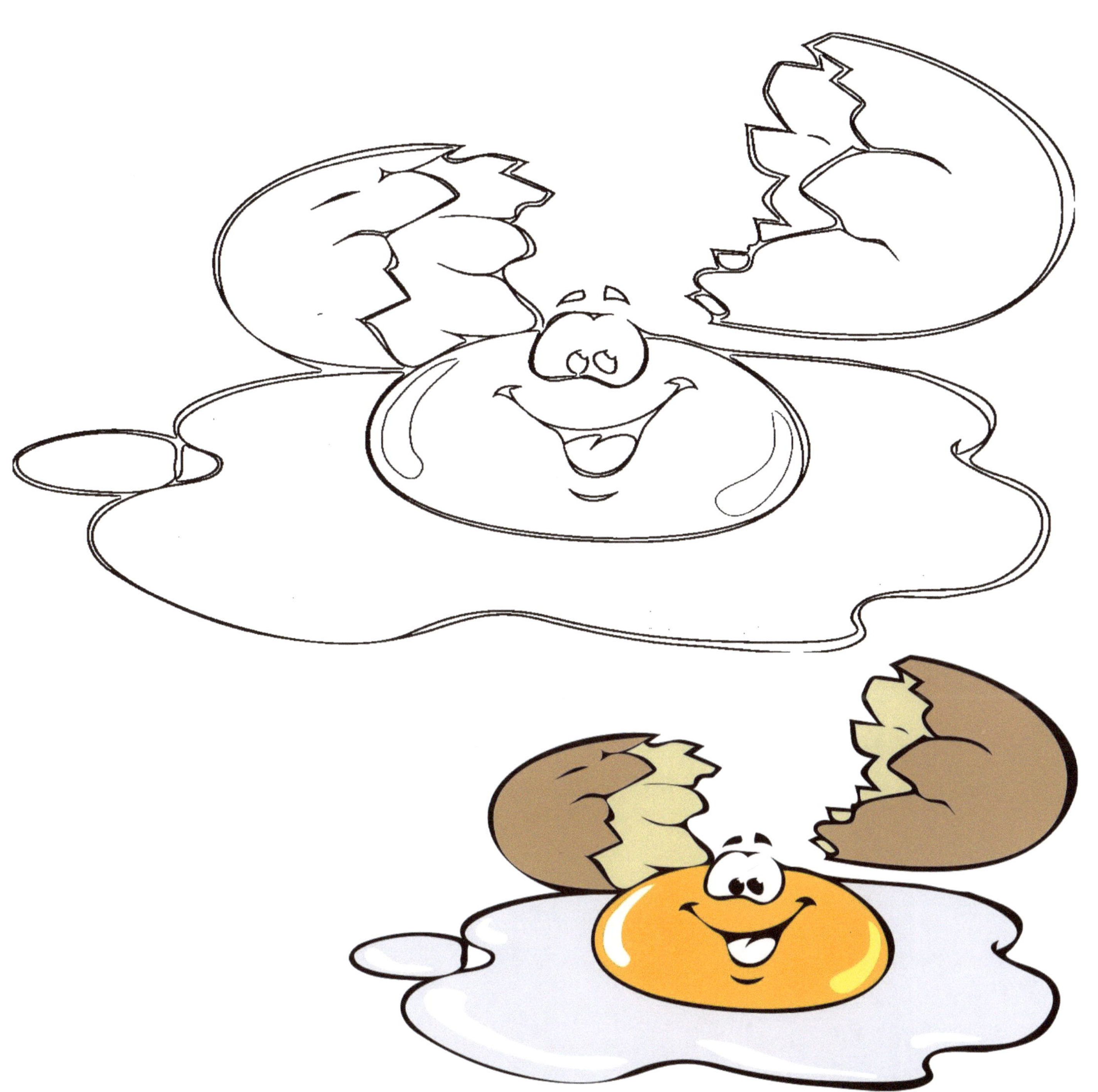

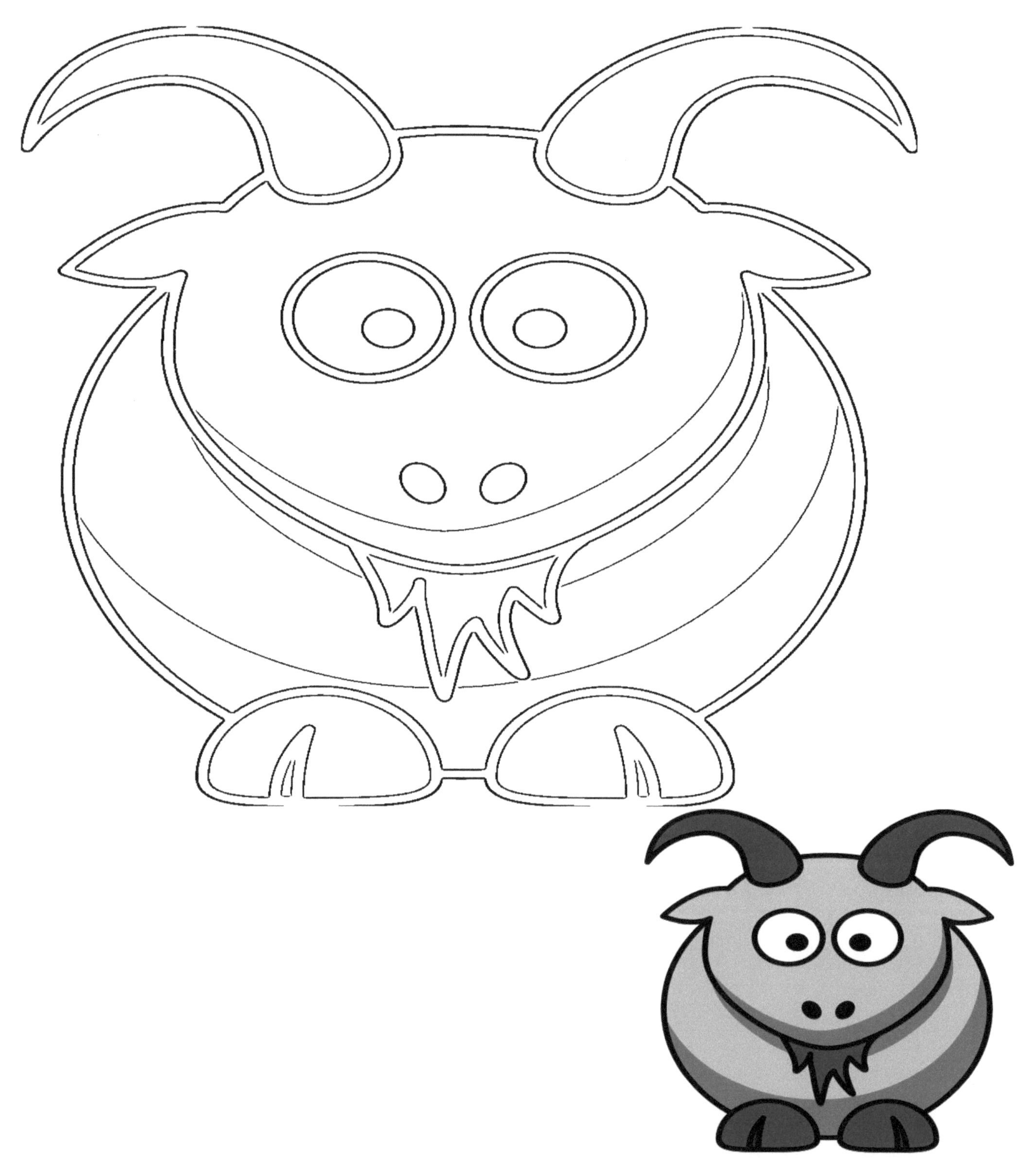

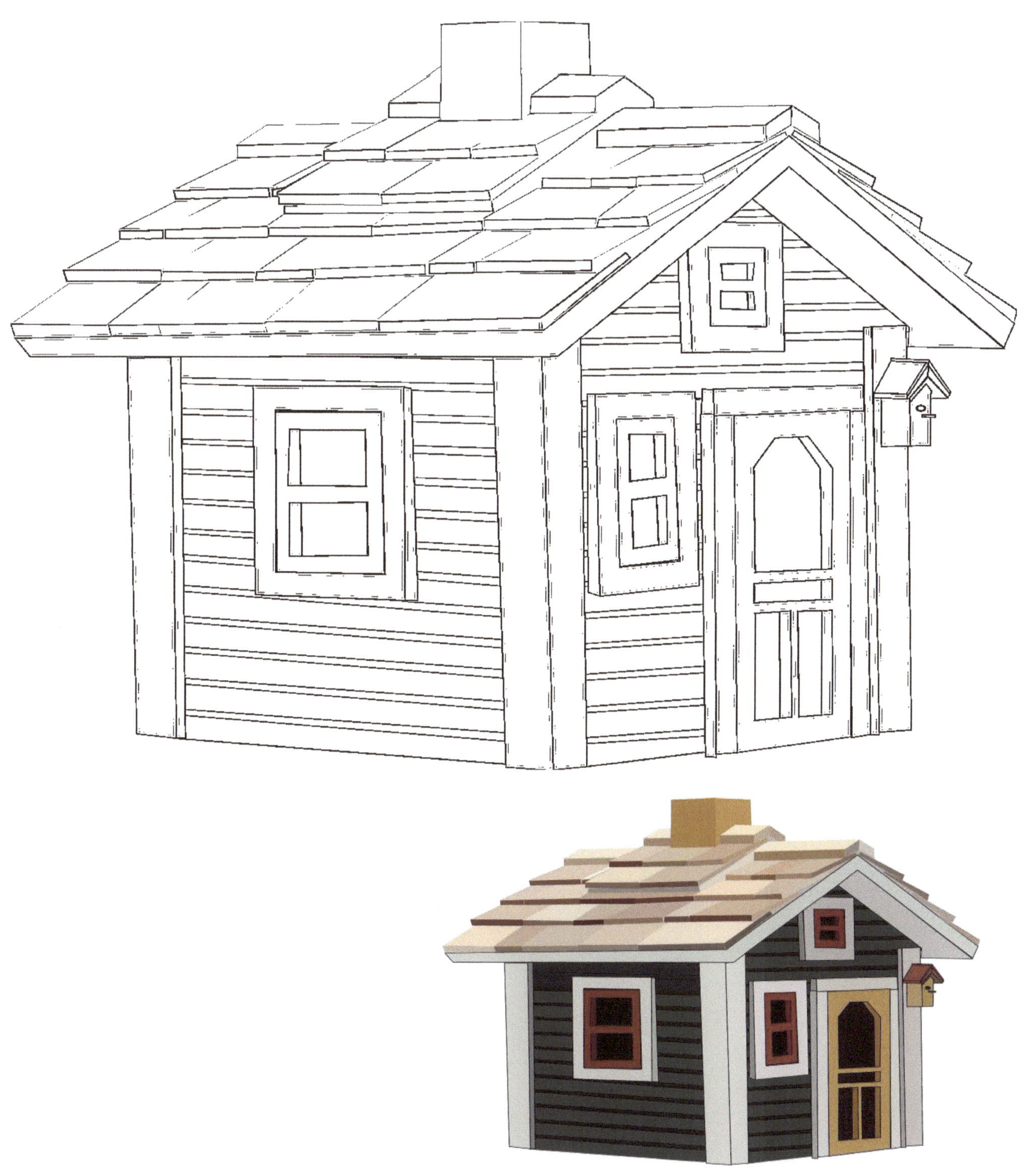

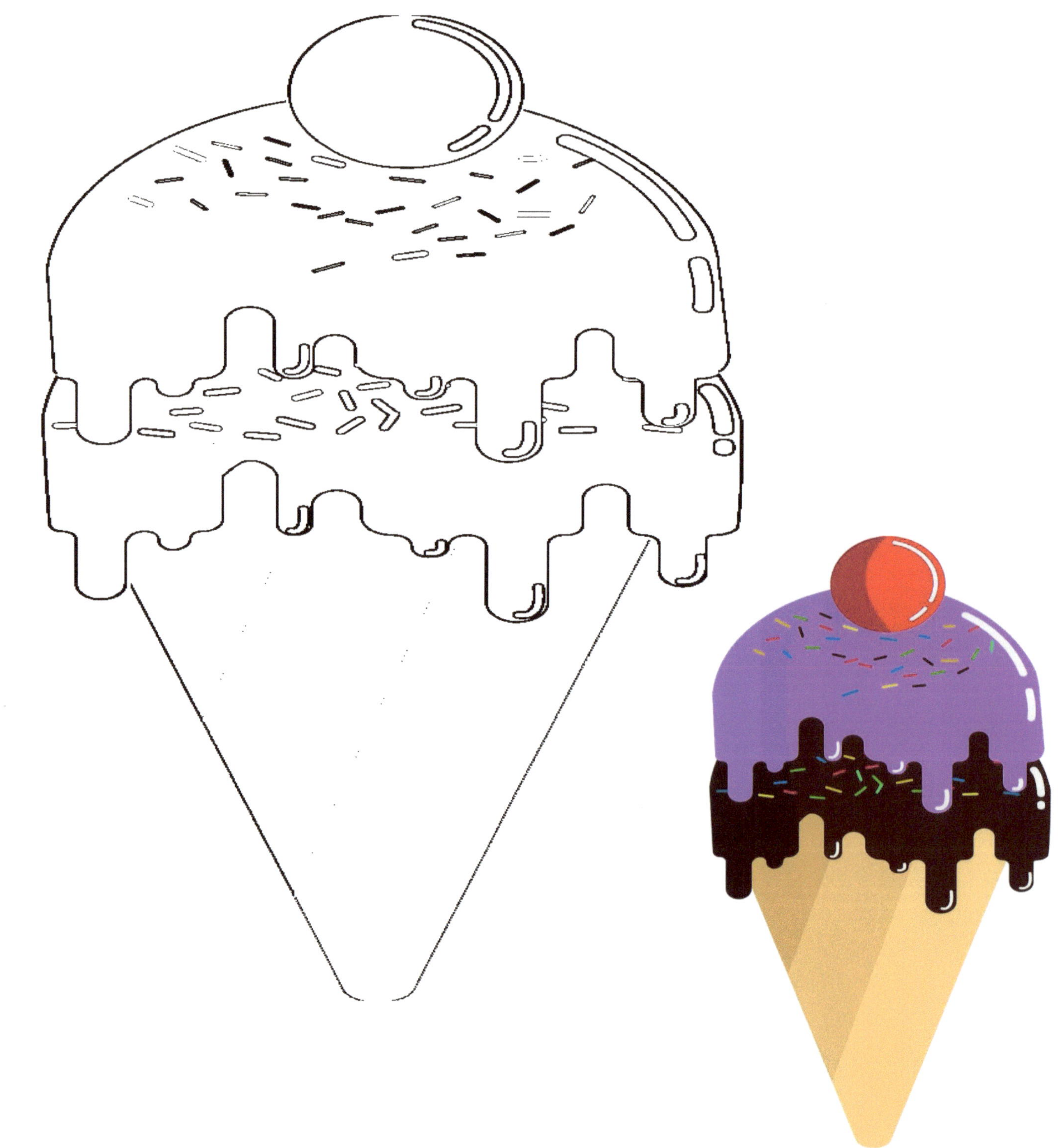

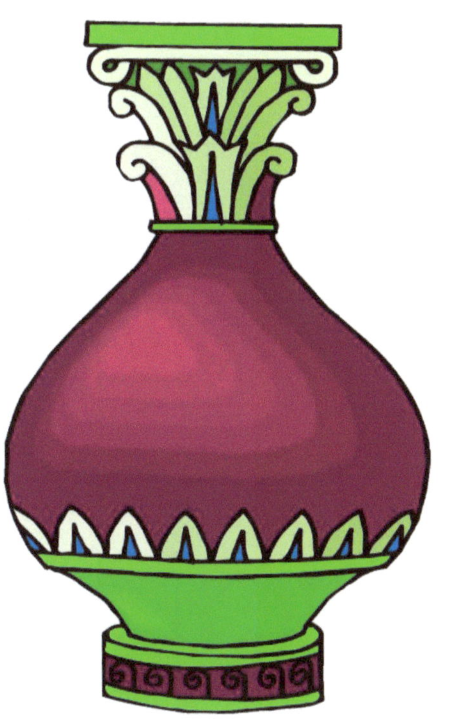

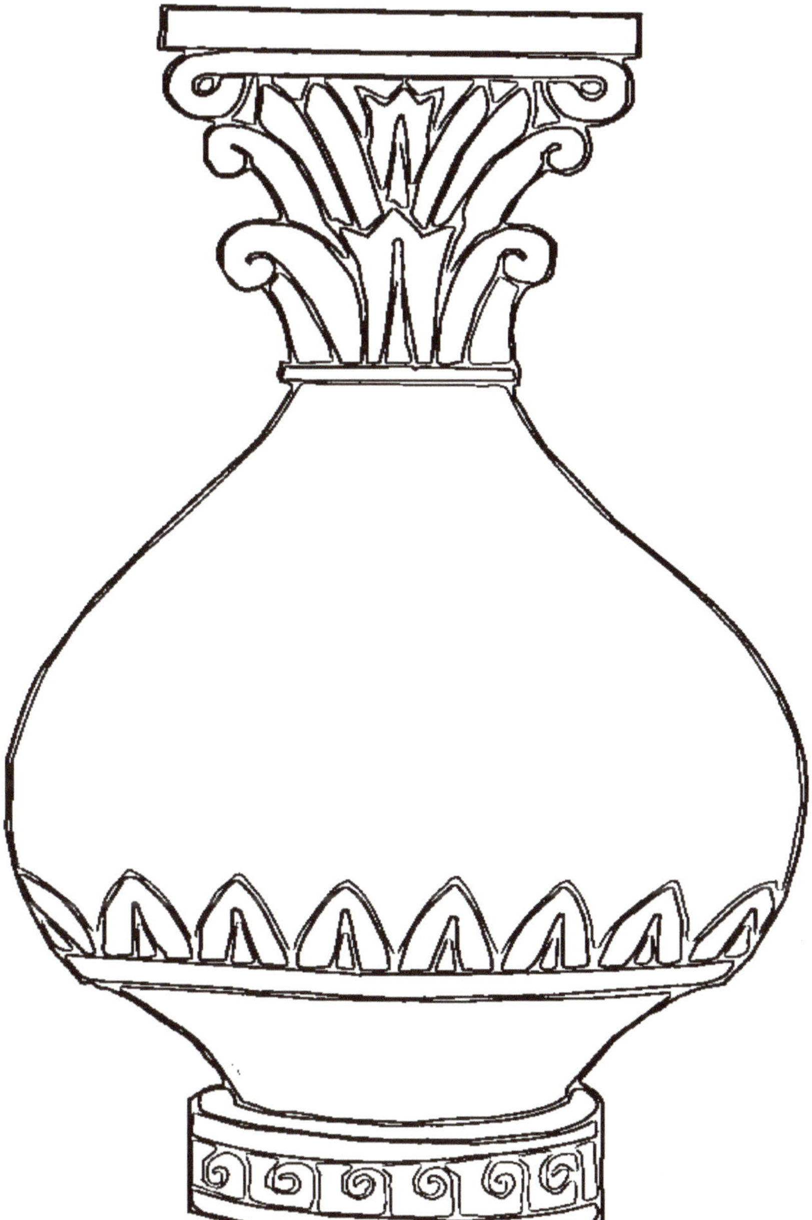

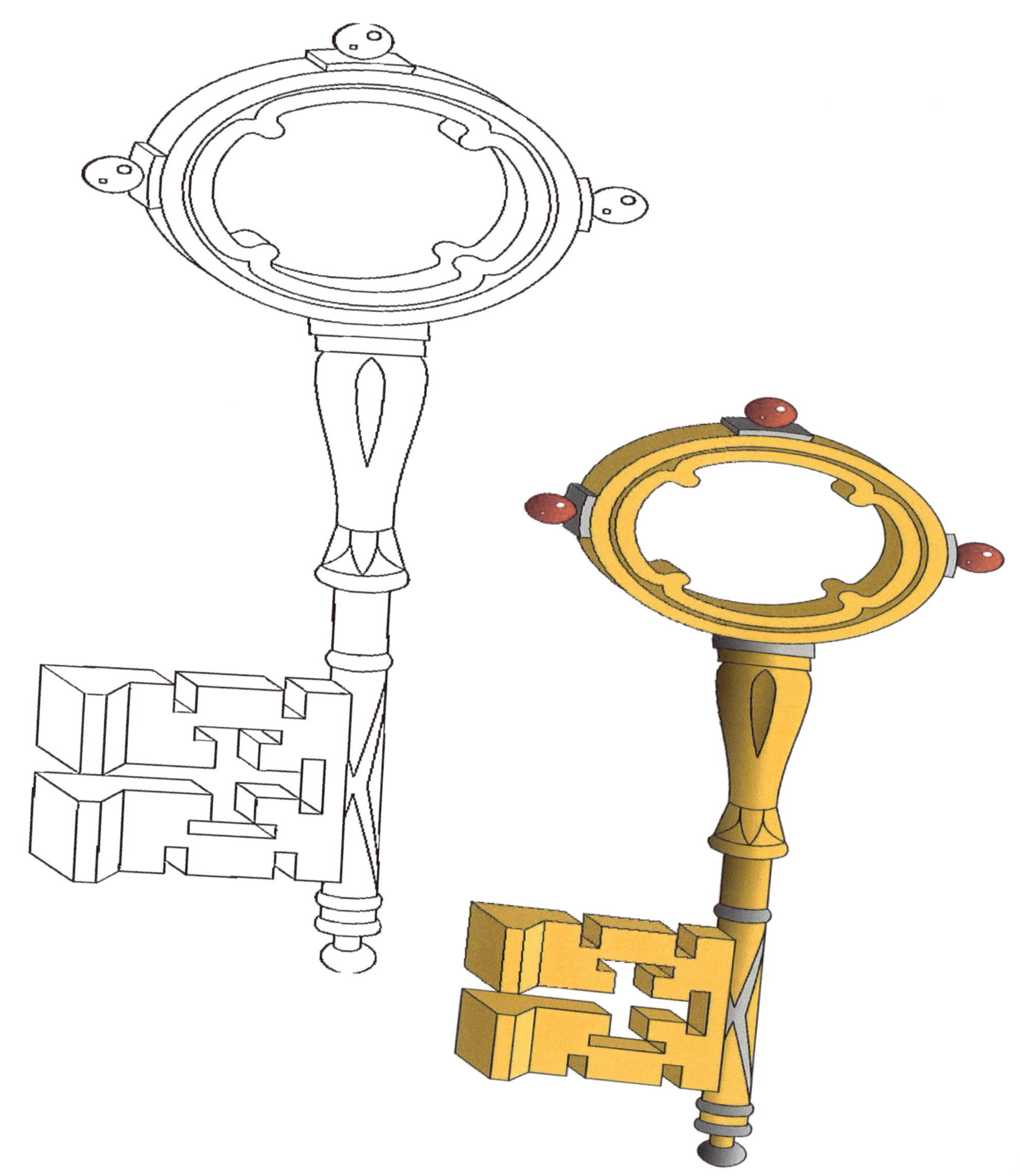

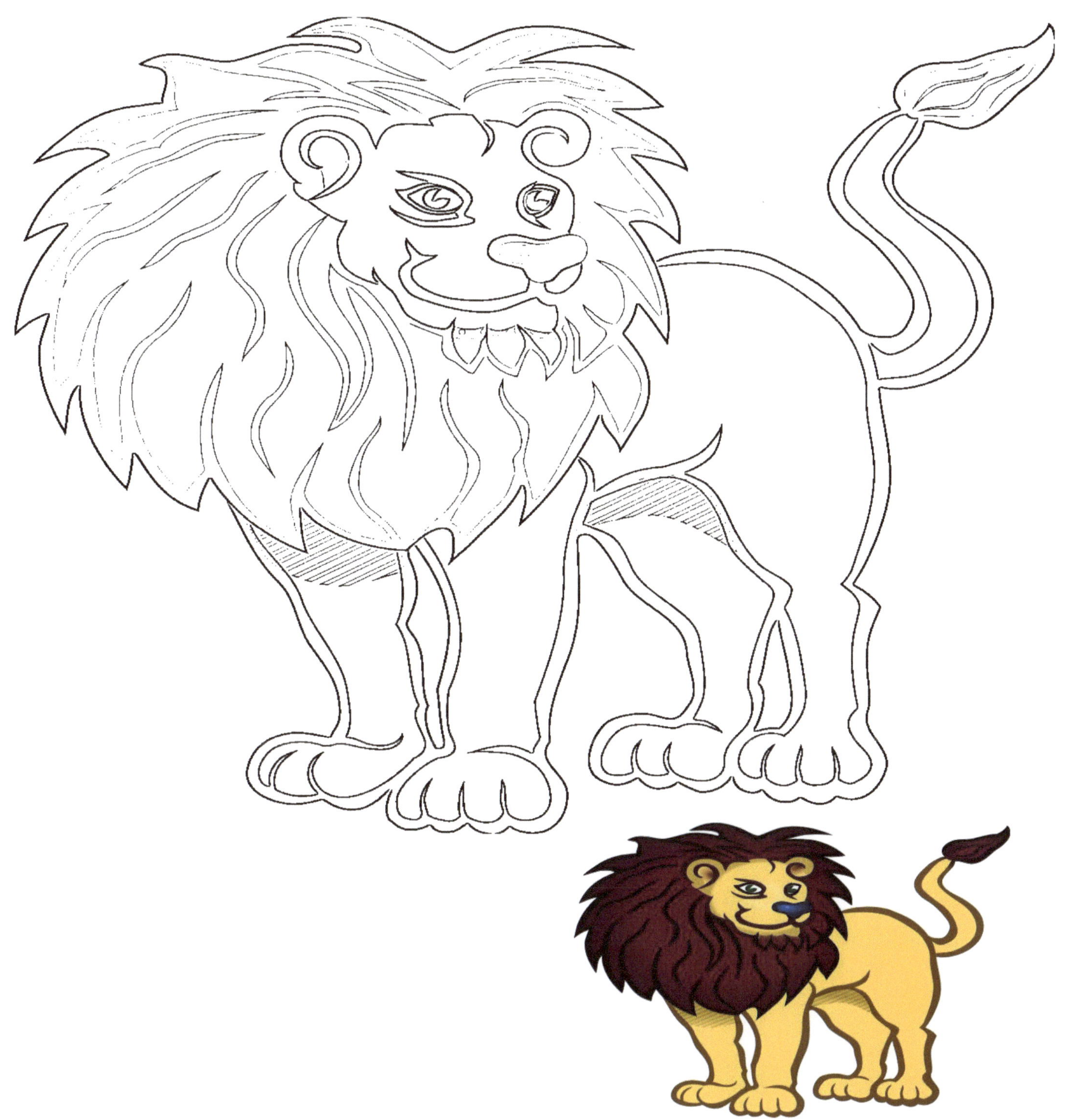

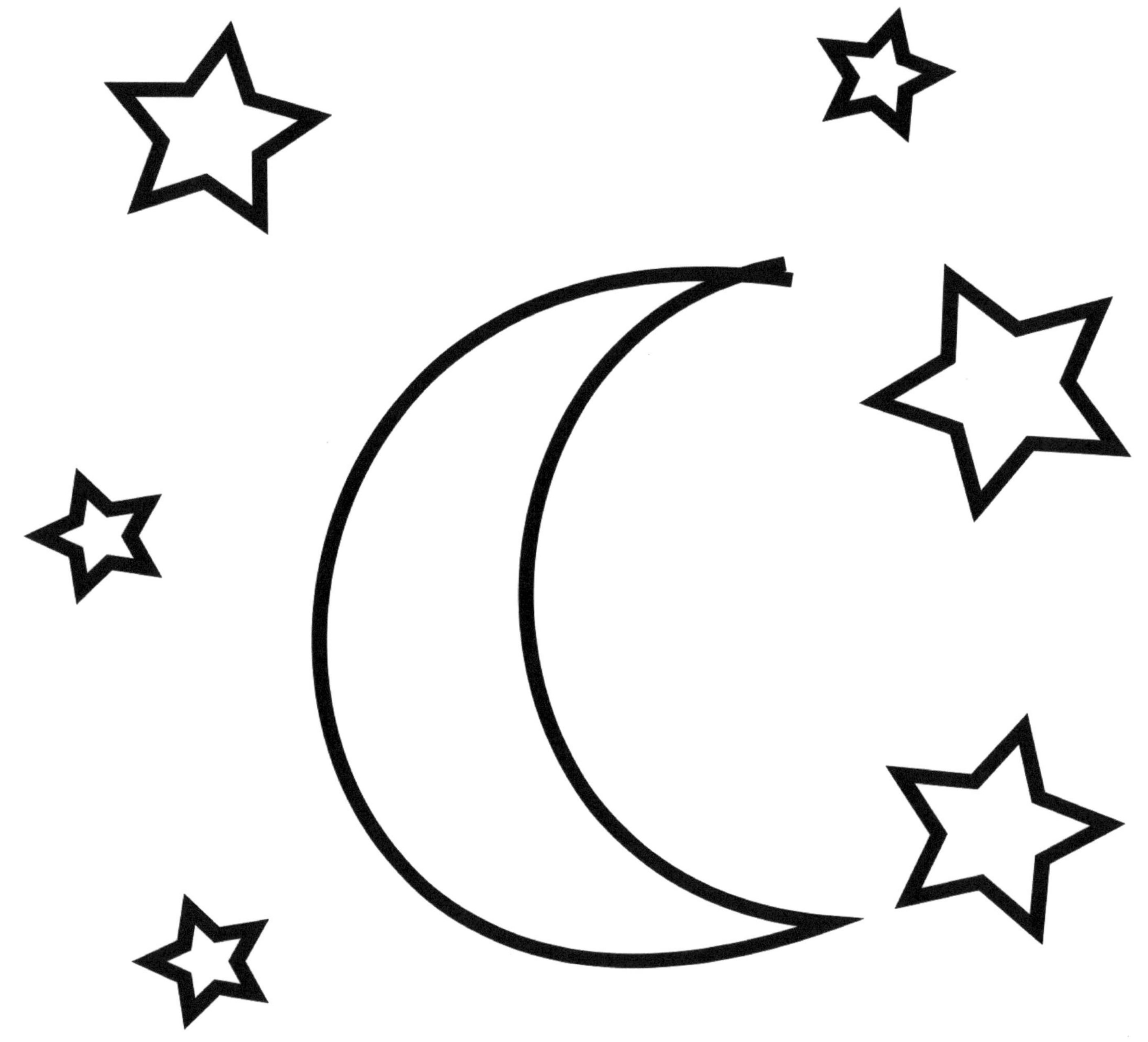

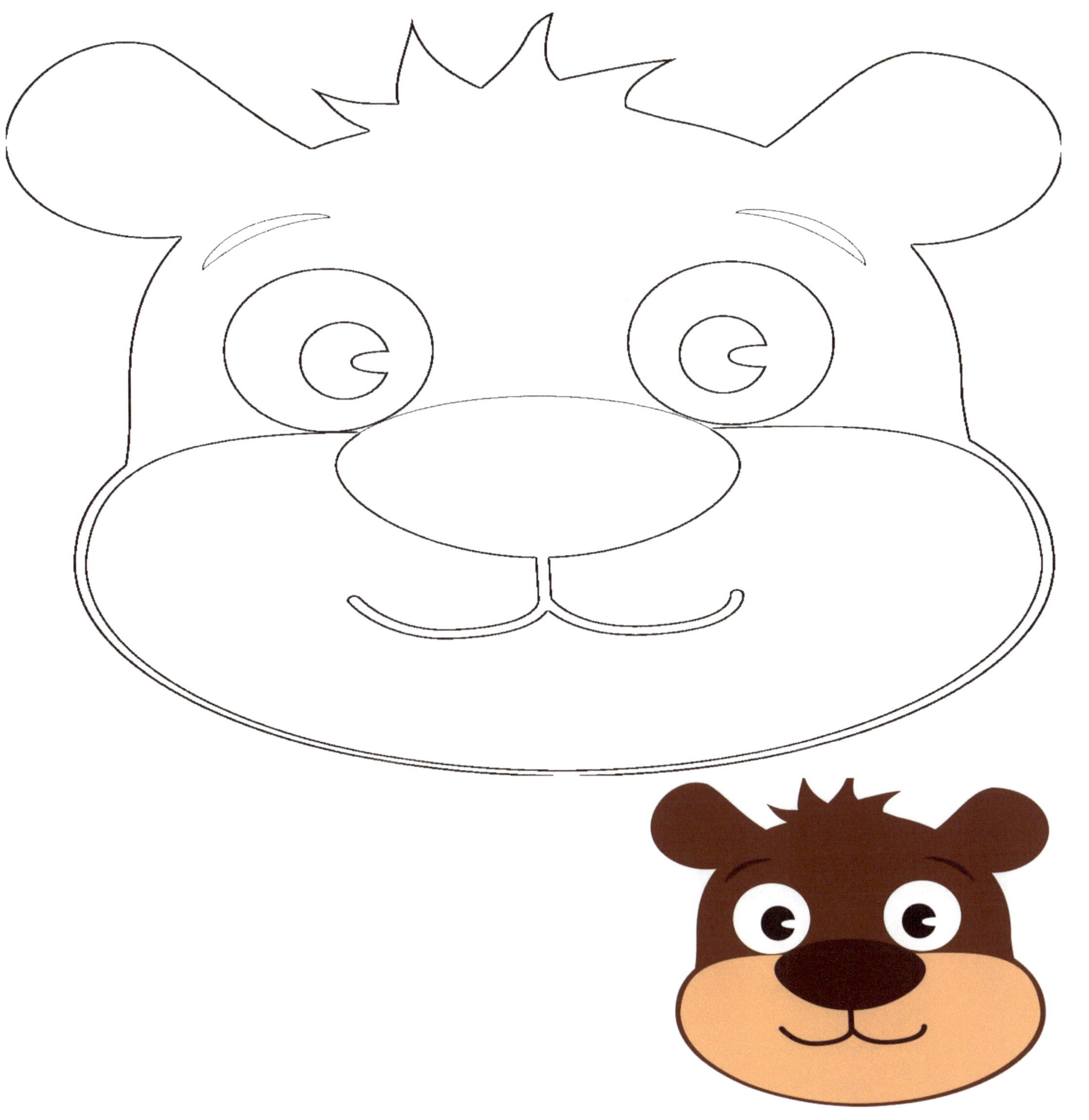

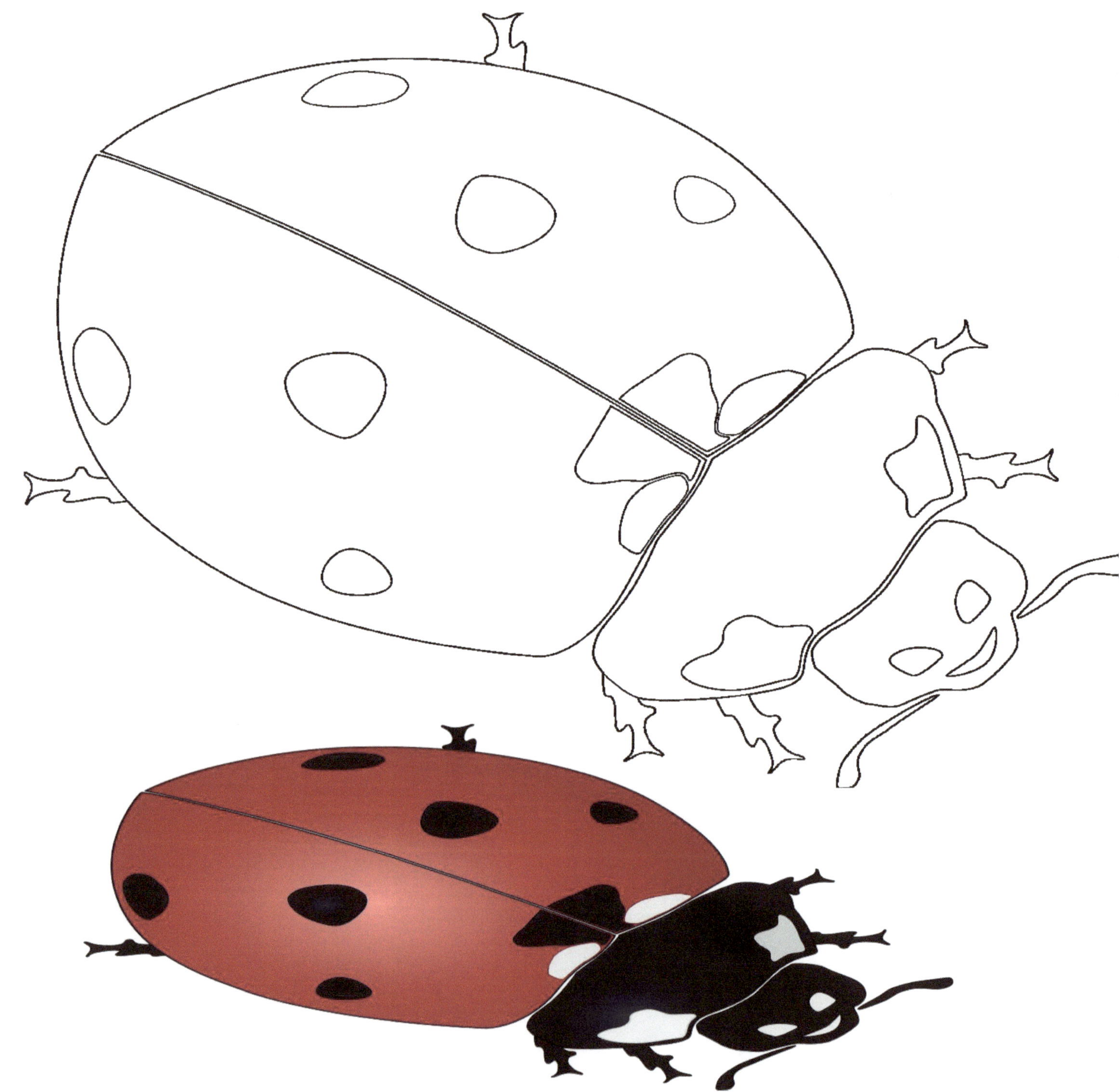

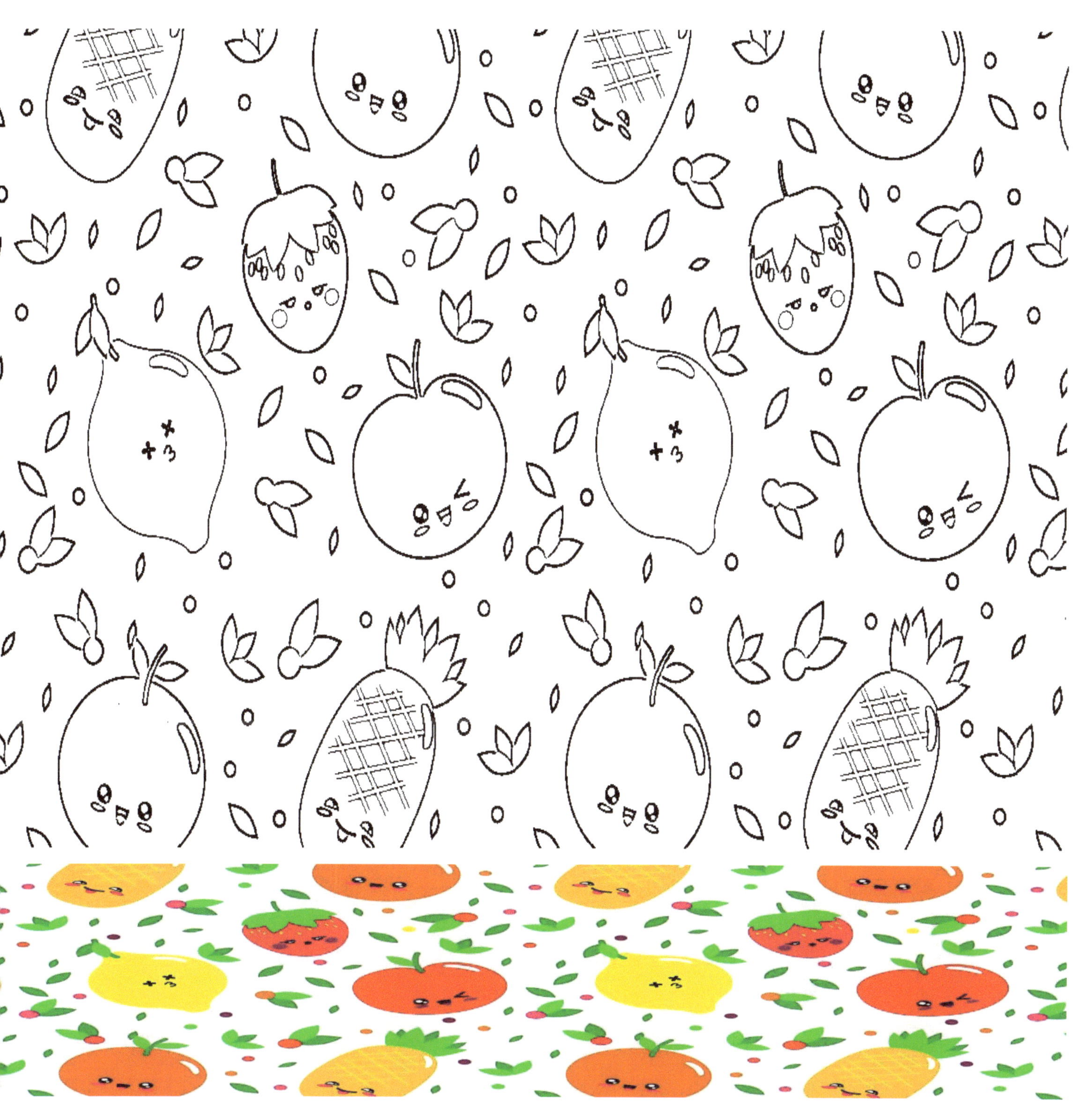

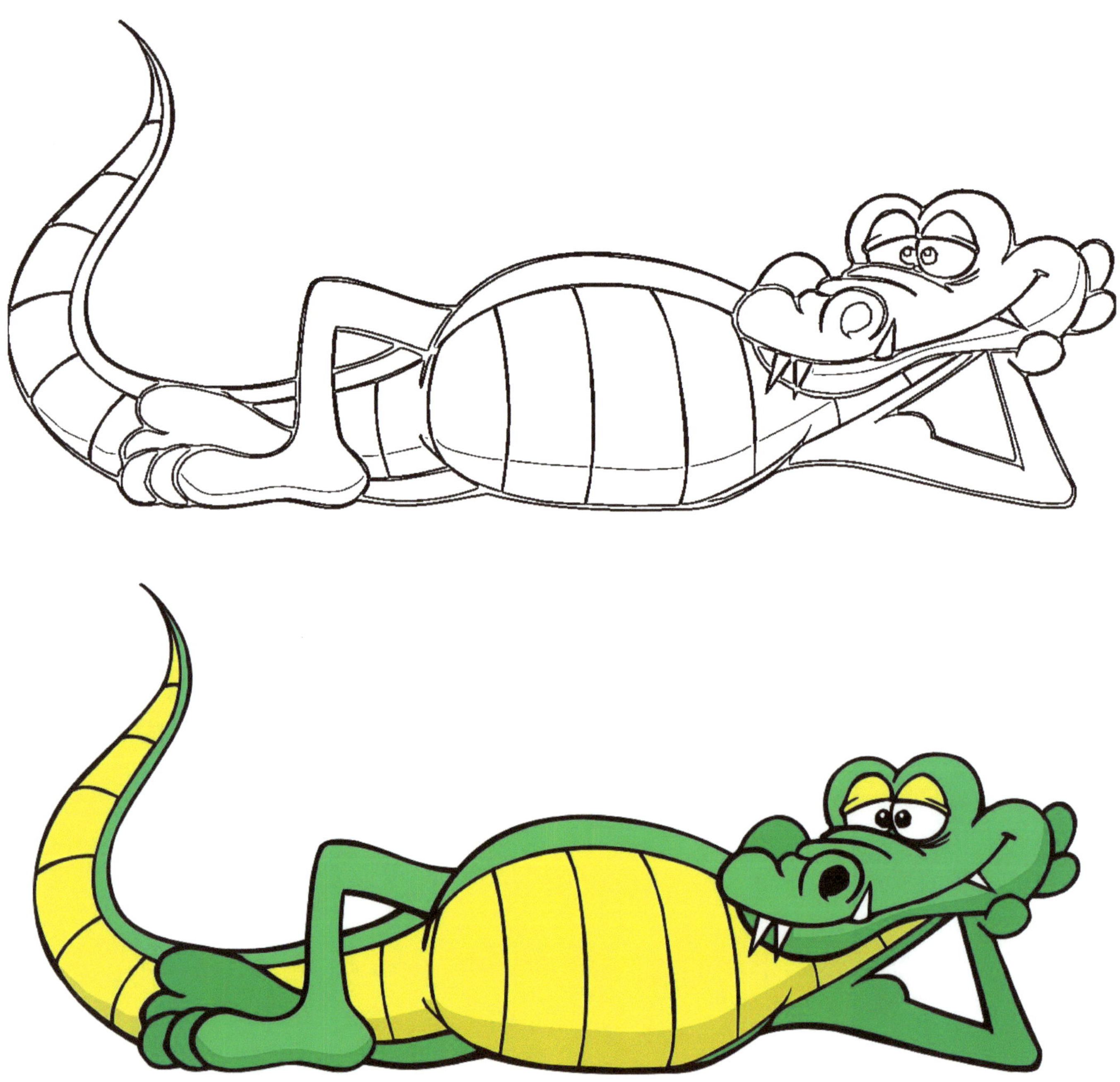

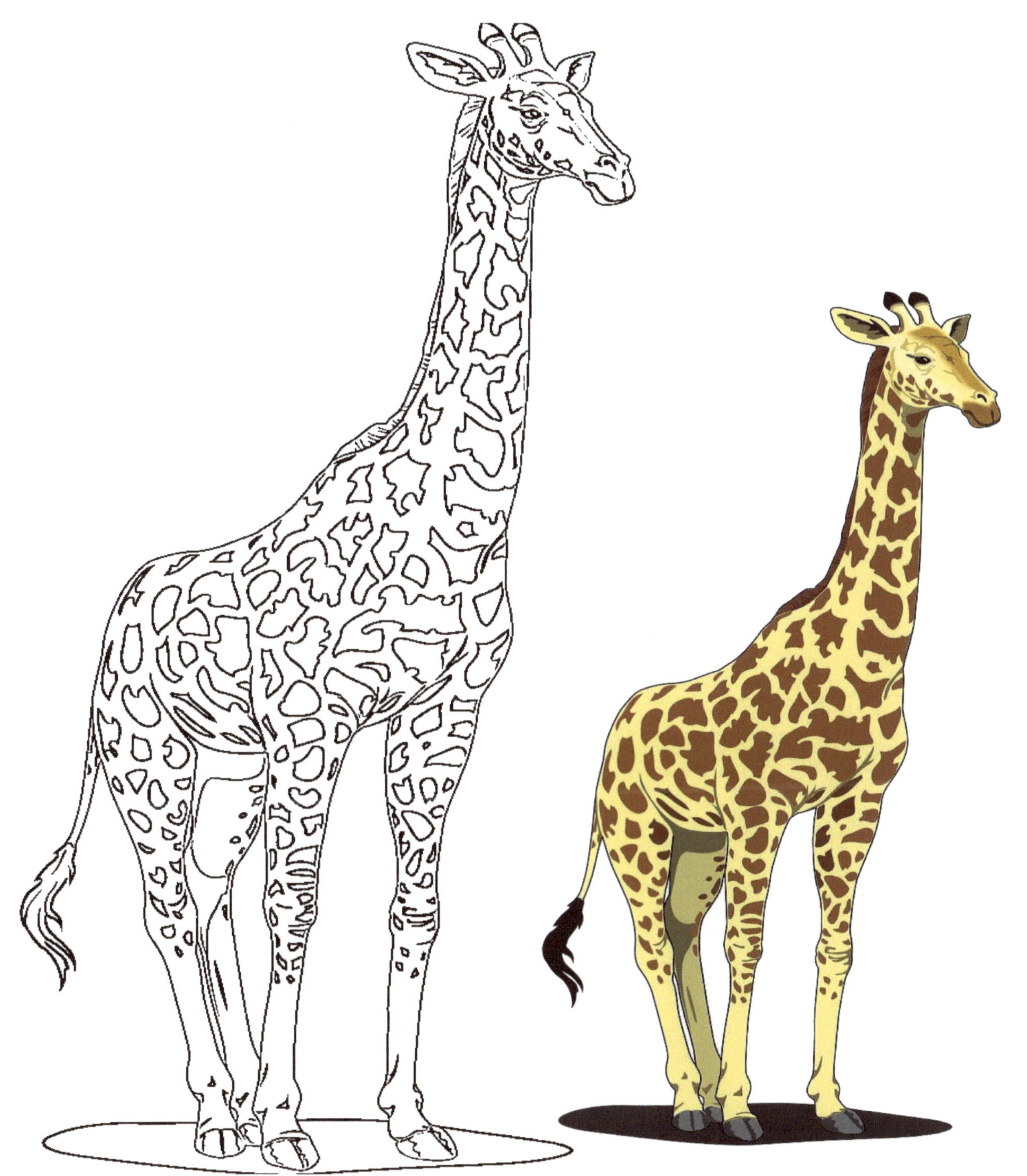

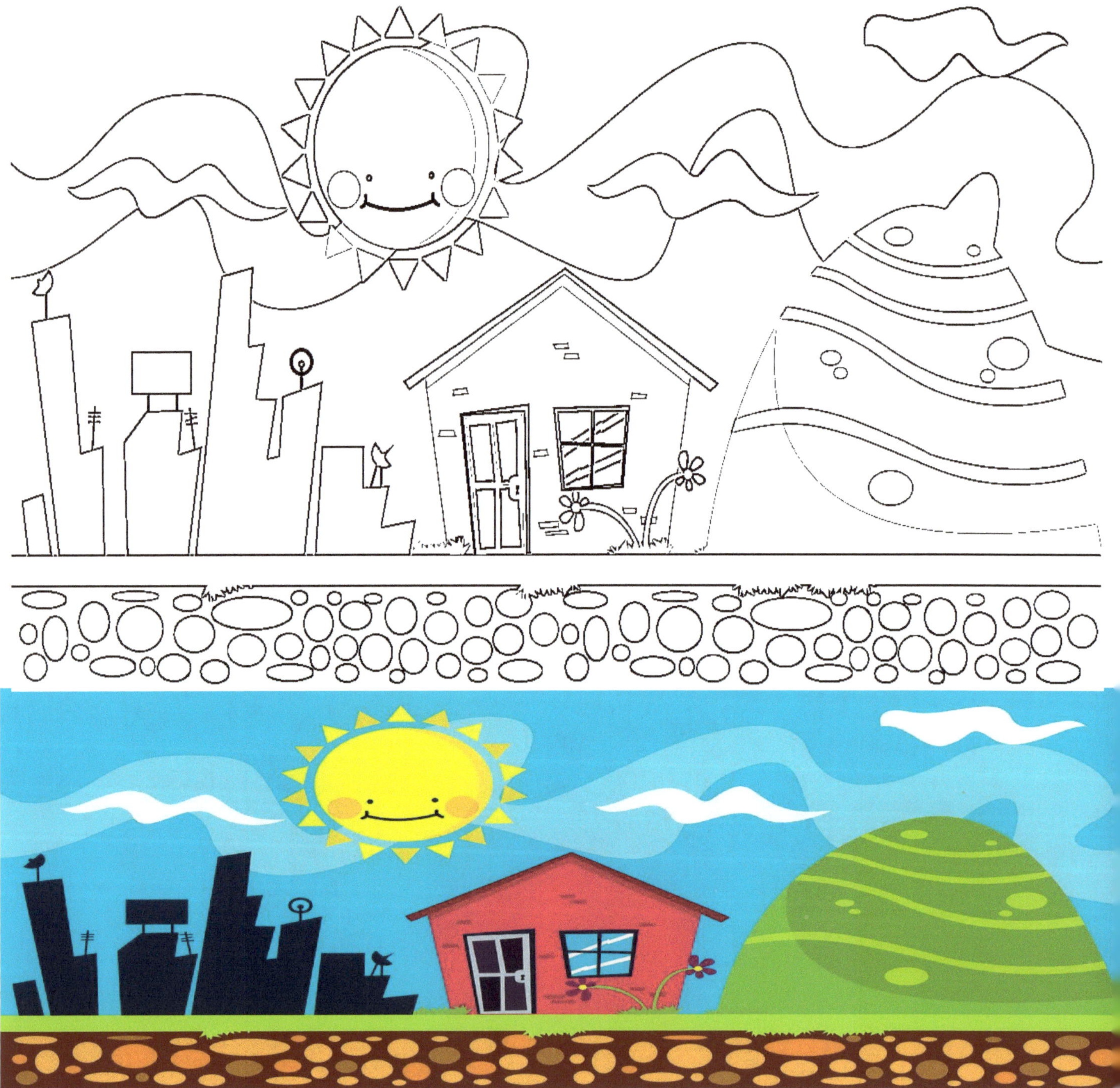

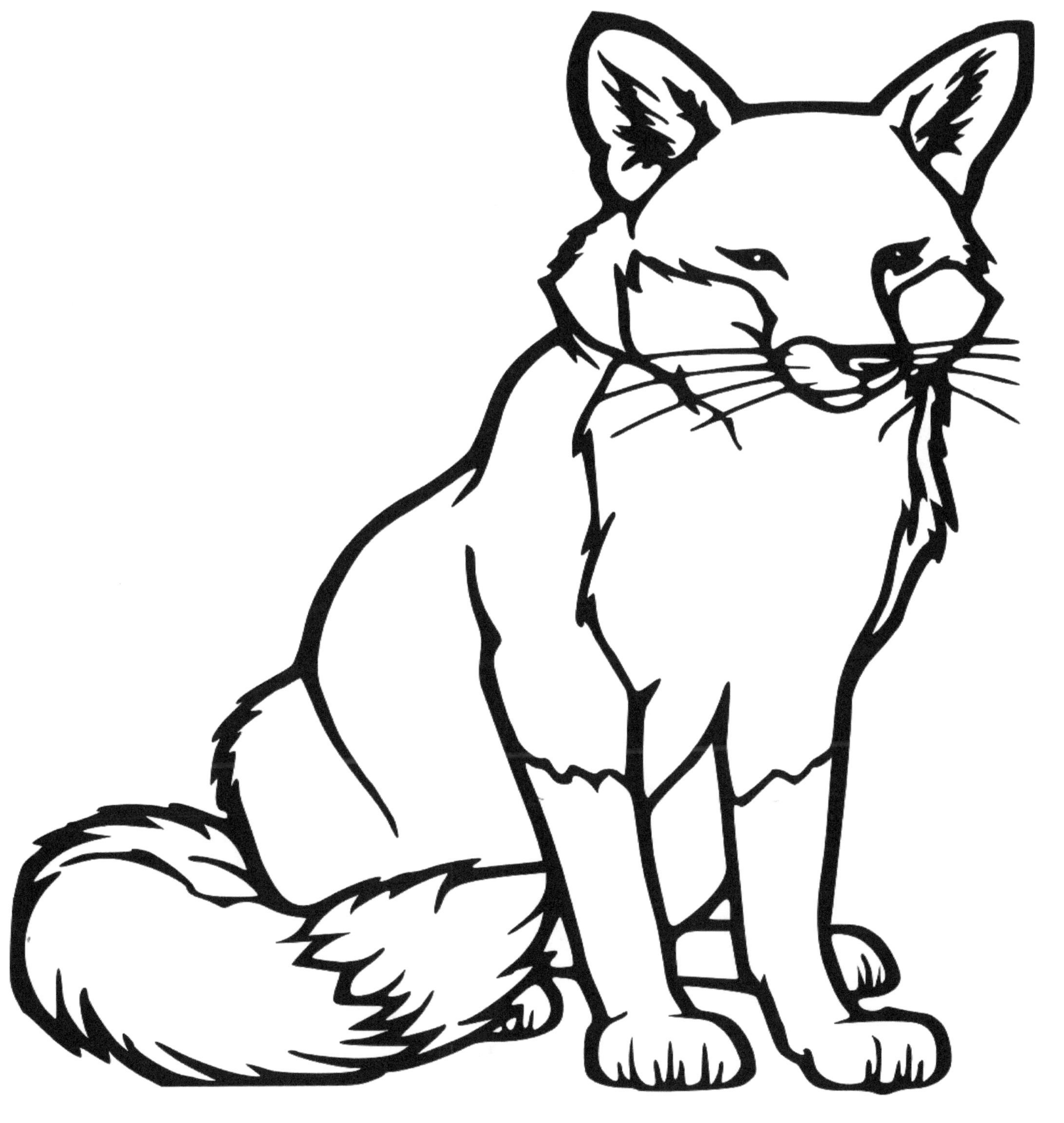

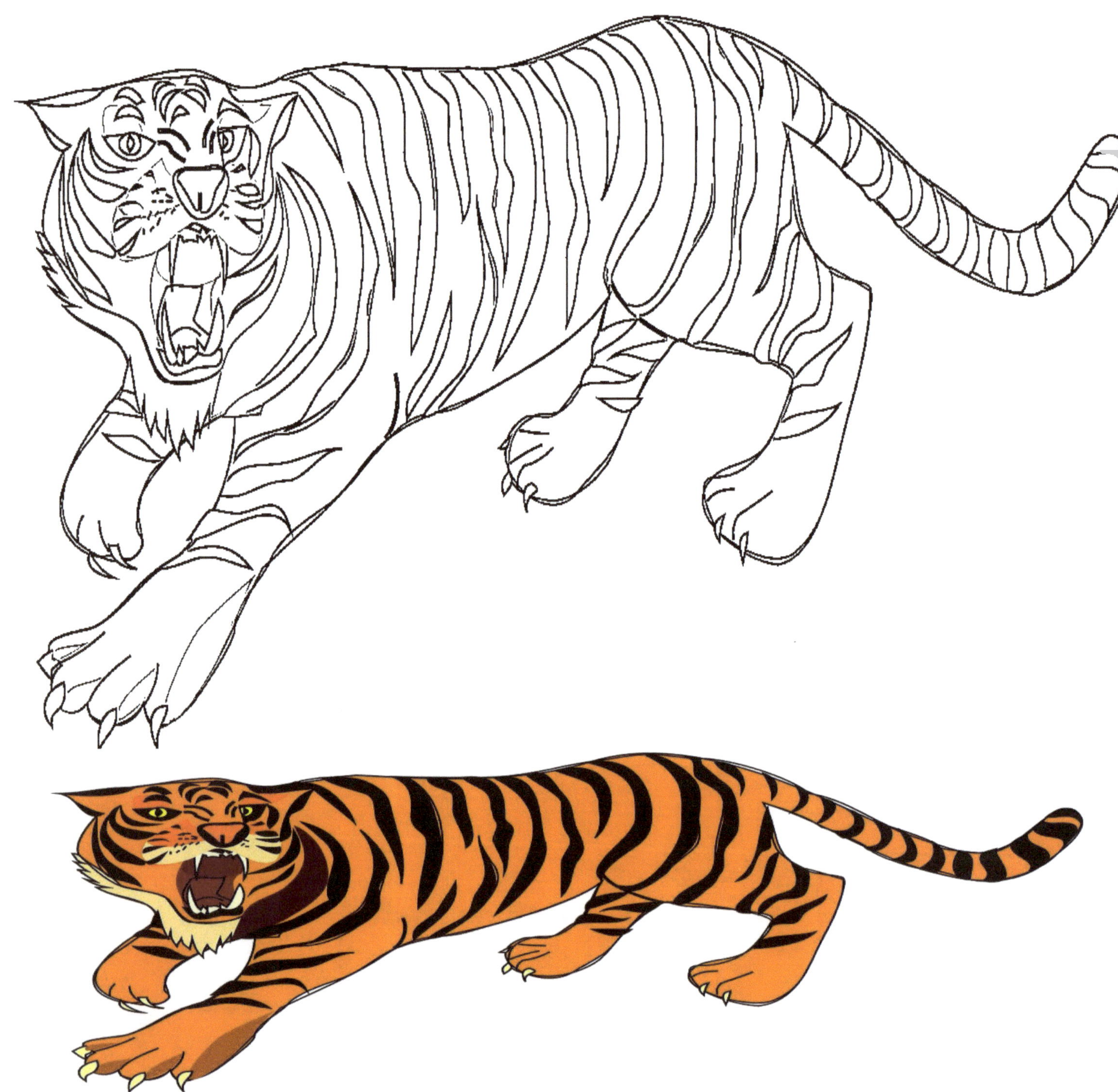

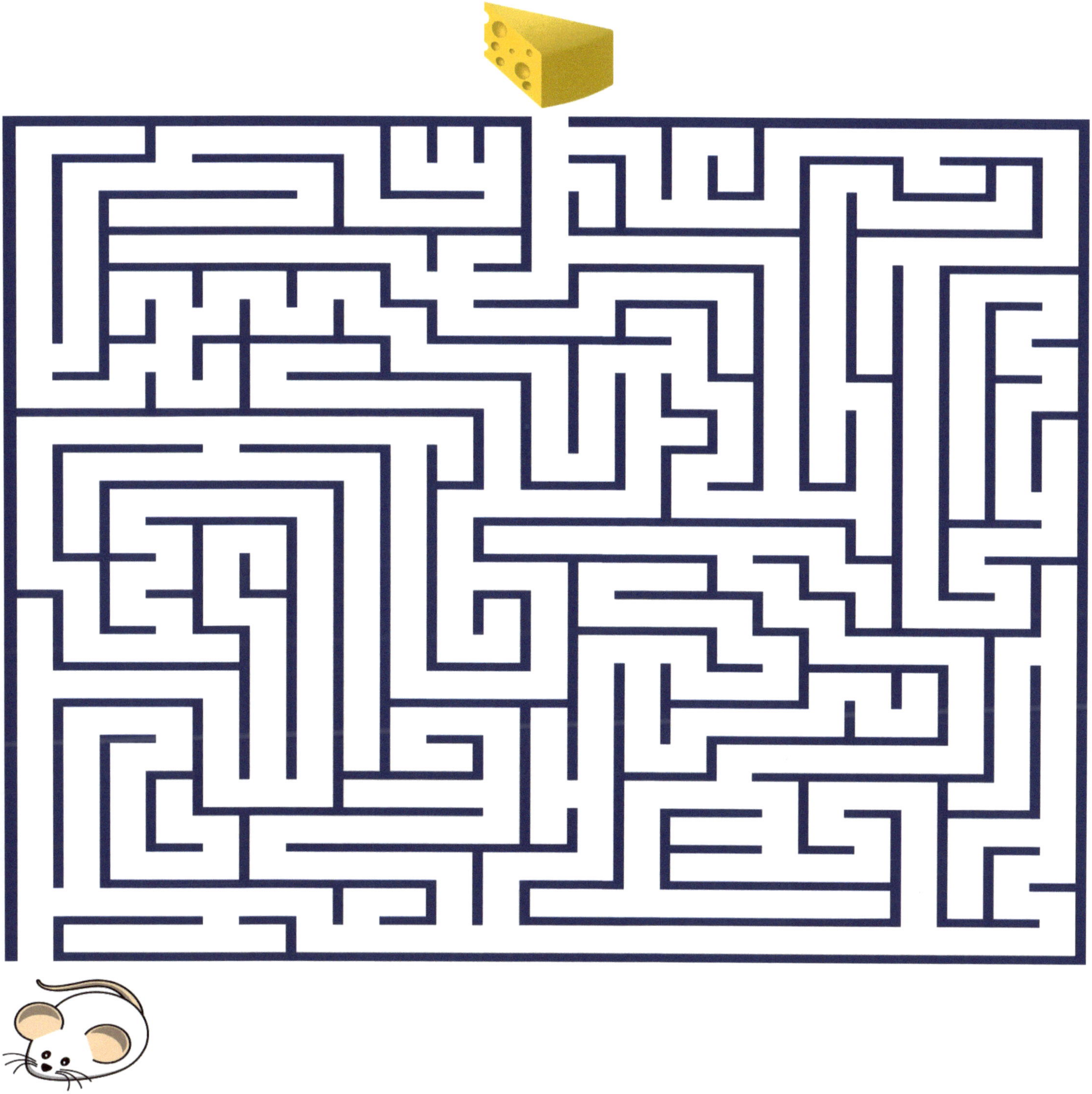

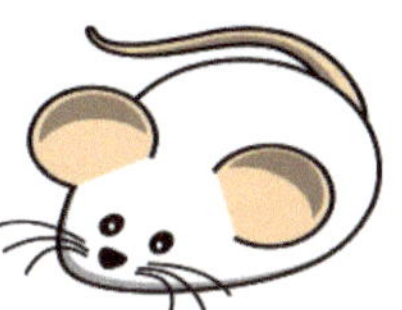

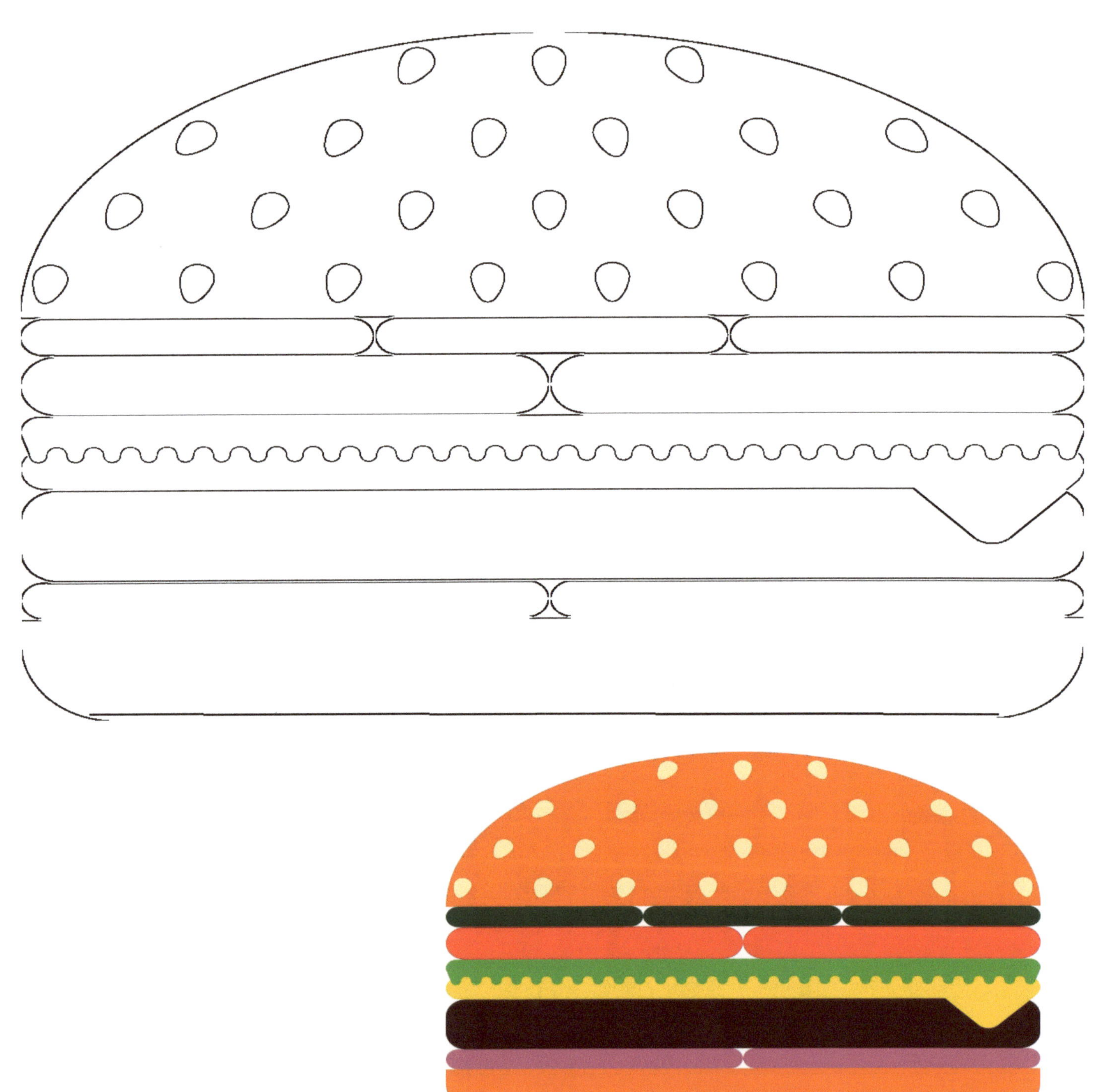

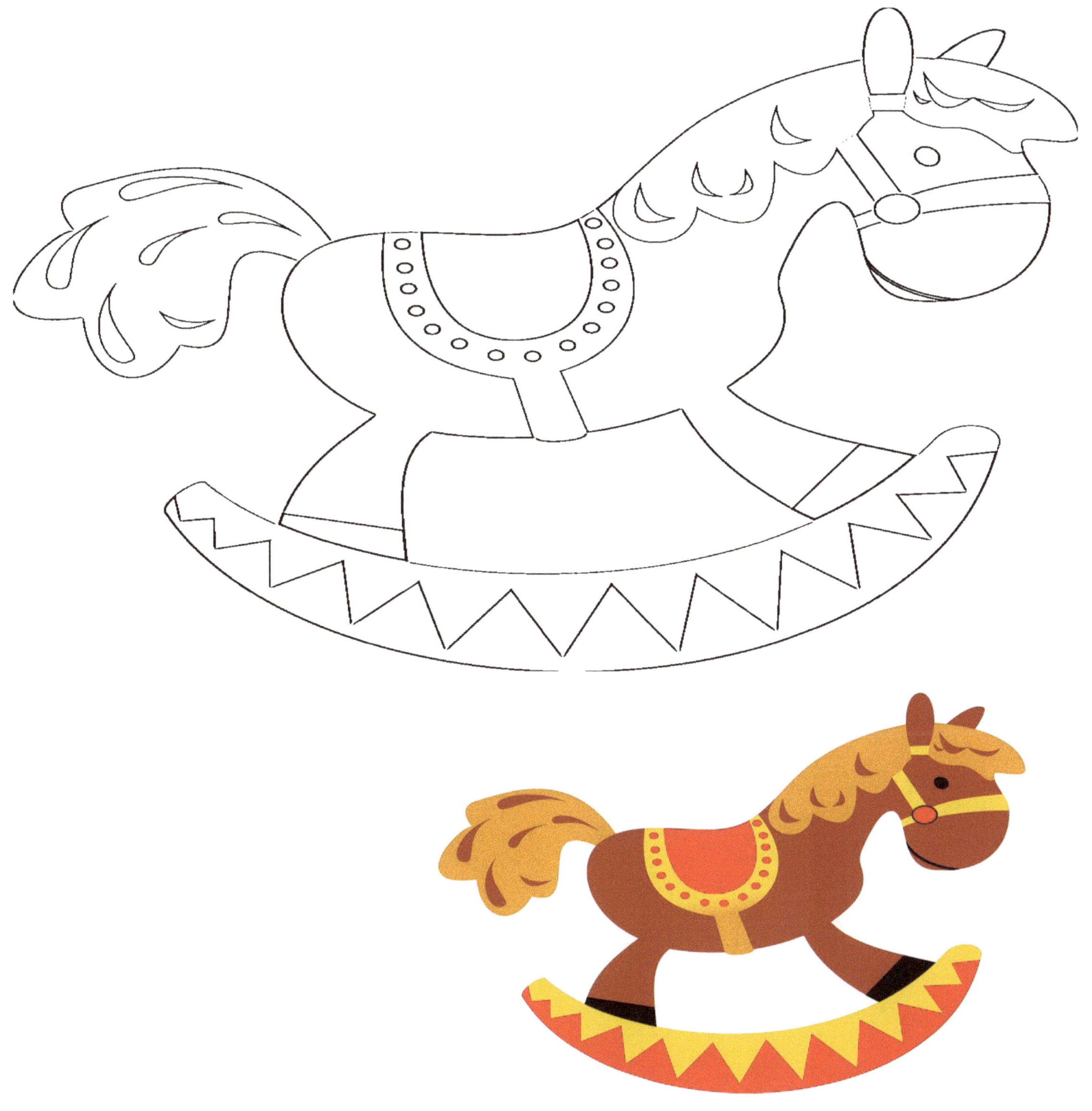

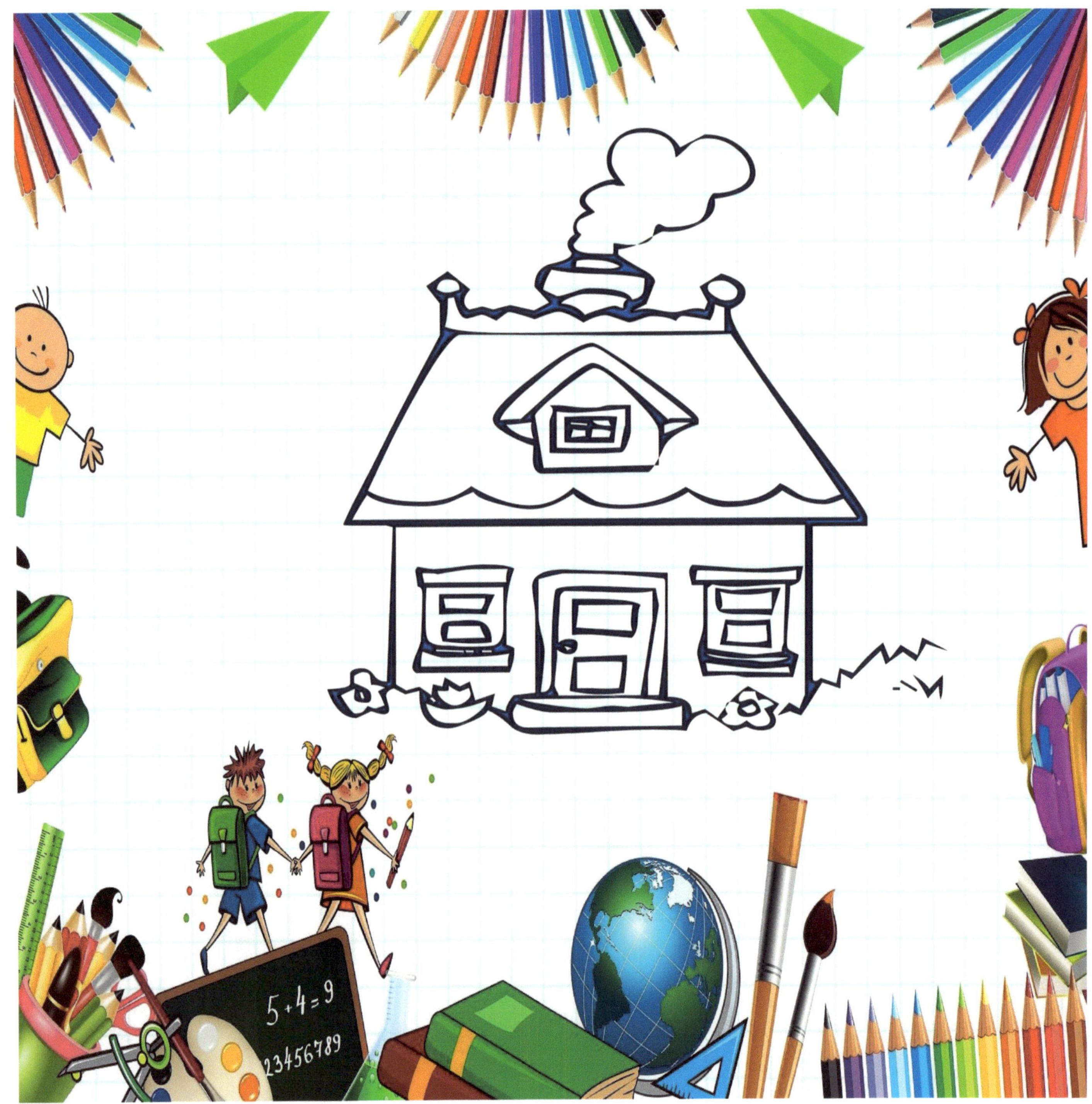

5 + 4 = 9
23456789

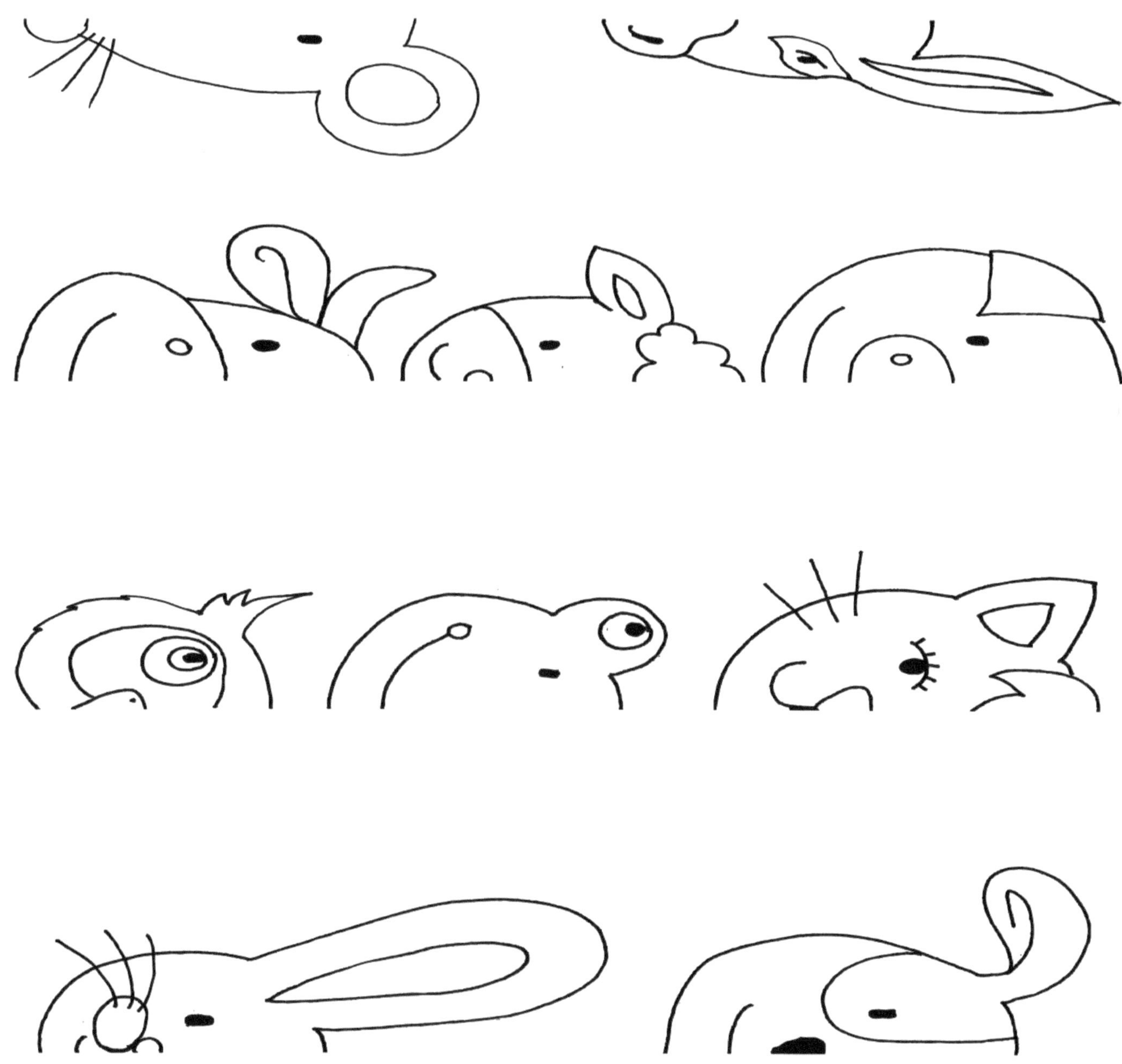

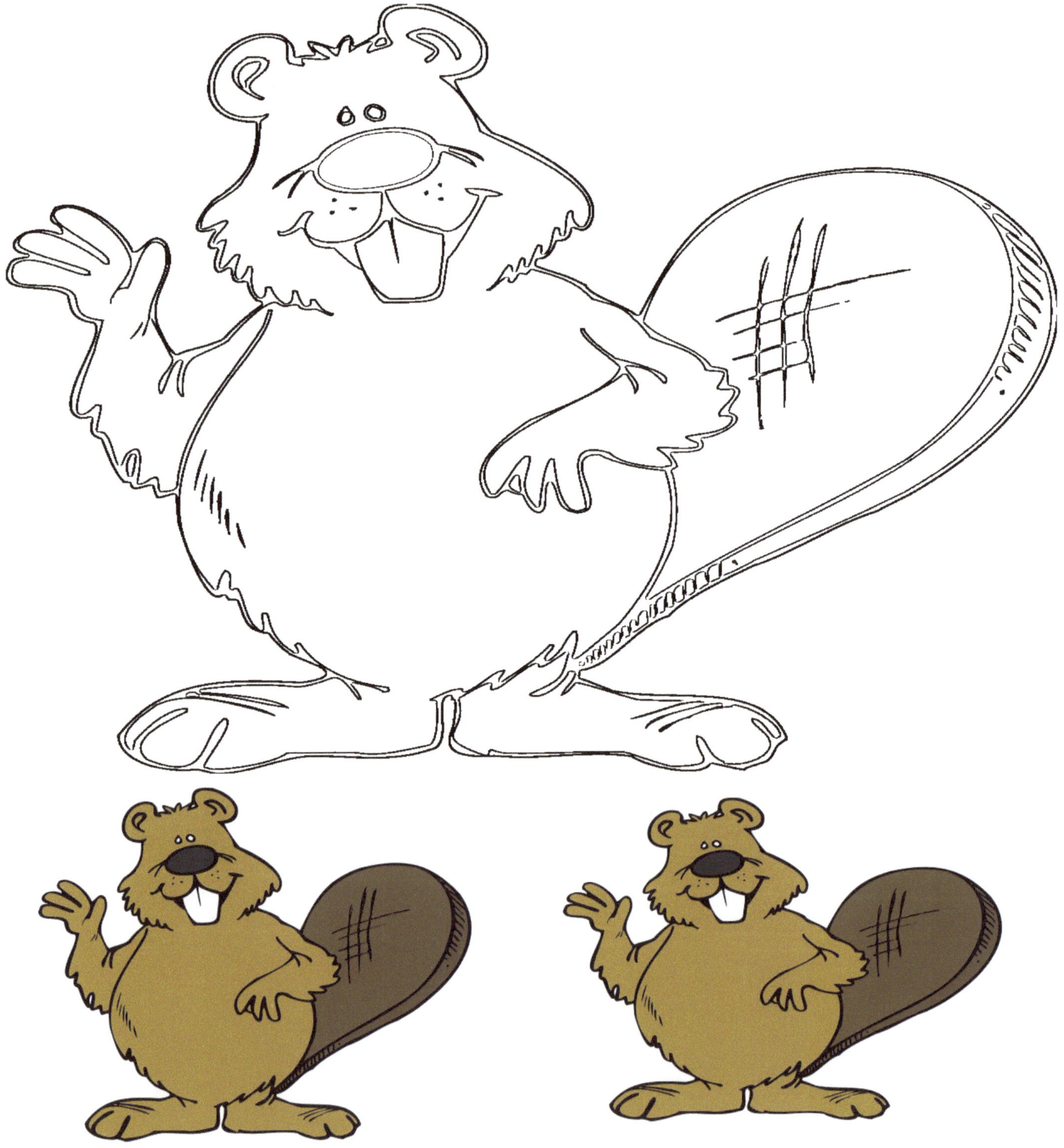

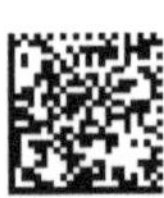
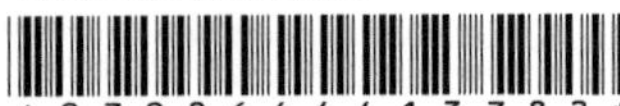